HISTOIRE

DE

LA VILLE D'ANDUZE.

Alais. — Imprimerie de P. VEIRUN, Grand'Rue.

HISTOIRE

DE

LA VILLE D'ANDUZE.

PAR PAULET.

ALAIS,
P. VEIRUN, Imprimeur-Libraire, Grand'Rue, 97.

M DCCC XLVII.

PRÉFACE DE L'ÉDITEUR.

Il existait entre les mains de quelques amateurs de nos antiquités, une composition en manuscrit dont les exemplaires étaient, ici, tout surchargés, tout raturés, là en caractères presque illisibles, copies telles fois infidèles, telles fois incomplettes, d'un original qu'il n'était plus possible de discerner au milieu de ses ampliations.

C'était l'œuvre d'un homme érudit, d'un médecin habile, en renom, qui florissait à la fin du siècle dernier. Simple hommage rendu à sa ville natale, l'auteur ne l'avait pas destiné à la publicité de l'impression; il était mort sans y avoir mis la dernière main et il l'avait modestement déposé dans les archives de la ville d'Anduze parmi les autres documens de la localité. Peut-être n'était-ce pas lui mais l'un de ses amis ou de ses parens qui avait employé ce moyen de garder le manuscrit d'une perte à peu près certaine, mais ce moyen de conservation avait exposé l'œuvre de M. Paulet à un danger non moins grand, celui de subir une foule d'altérations de la part des personnes jalouses de s'en donner des copies. Ces translations par différentes mains ne pouvaient guère être exécutées sans le déplacement du manuscrit original et elles devaient être plus ou moins fidèles suivant le degré d'intelligence du copiste.

S'il était devenu impossible de ne pas confondre l'original avec les copies, il était fort difficile, parmi diverses versions, de distinguer la meilleure.

Cependant cette *Histoire d'Anduze* se recommandait par divers mérites. Elle était le fruit des longues et laborieuses recherches auxquelles l'auteur s'était livré pour exhumer des ruines du tems l'origine première de sa ville natale, pour lier le fil des évènemens auxquels la population avait été mêlée; elle contenait le récit naïf des traditions qu'il avait recueillies, l'expression sincère des observations qu'il avait faites comme homme et comme médecin éclairé, l'explication de l'avènement au monde, du développement et de la décroissance d'une ville dont l'antiquité n'est pas douteuse : c'était un document trop précieux soit qu'on le considérât comme élément d'une histoire générale ou simplement comme une histoire locale, pour le laisser périr.

Il inspirait à tous ceux qui en avaient pris connaissance le regret de le voir réduit à un tel état de dépérissement et le désir de lui voir enfin prendre la forme de l'impression.

C'est ce vœu devenu public que l'éditeur de cette œuvre a écouté une première fois lorsqu'il a fait paraître cette *Histoire de la ville d'Anduze* dans le feuilleton du journal l'*Echo*, dont il est le gérant, et qu'il a voulu accomplir aujourd'hui en donnant cet ouvrage sous la forme qu'on lui voit.

Pour cette dernière publication, on a comparé avec soin plusieurs manuscrits pour saisir la véritable expression de l'auteur, et si l'on s'est permis quelques corrections on n'est pas allé jusqu'à celles qui touchent au style, de crainte d'en altérer le caractère, on n'a pas exécuté même celles que l'auteur aurait faites s'il avait voulu livrer son œuvre à l'impression.

Cette version contient certainement bien des négligences, et elle n'aura pas peut-être l'approbation des personnes accoutumées au style poli des écrivains de nos jours : c'est, on le voit bien, un écrit tracé couramment par la plume sous l'inspiration immédiate de la pensée sans aucun recours à la réflexion, mais ceux qui prisent surtout la vérité historique et la simplicité de l'expression, considéreront ce laisser-aller de notre auteur comme un mérite.

C'en est un réellement et d'autant mieux appréciable aujourd'hui que, par un goût exclusif pour la forme, et surtout par une prétention exagérée à l'effet, qu'on remarque chez la plupart des écrivains, l'histoire ne se distingue plus de la composition purement littéraire et n'est ordinairement qu'un plaidoyer pour un intérêt, pour une opinion politique particulière. Au tems où règne un aussi condamnable abus de l'art d'écrire, duquel résulte la confusion de tous les genres même les plus divers, une histoire en deshabillé emprunte un vrai mérite à sa simplicité et en quelque sorte aux négligences de son style.

HISTOIRE

DE

LA VILLE D'ANDUZE,

PAR PAULET.

La ville d'Anduze est située dans le Bas-Languedoc, au 23e degré 4 minutes de longitude (le méridien pris à l'Ile-de-Fer), et au 43e degré 39 minutes de latitude septentrionale (1). Elle est à 10 lieues N. de Montpellier, 140 S. O. de Paris, à 2 lieues O. d'Alais, autant de Sauve et de Saint-Hippolyte. Elle est au pied de la chaîne des montagnes des Cévennes, sur une des branches du Gardon, et à l'entrée d'une gorge formée par l'écartement de deux montagnes très-élevées, au

(1) Véritable latitude, 44e degré 3 minutes N. Véritable longitude, 1 degré 55 minutes E. du méridien de Paris.

penchant d'une desquelles elle est bâtie, du côté du Levant. Une source d'eau très-limpide et très-pure, qui jaillit au Midi de la montagne St-Julien sur laquelle elle est située, suffit pour entretenir sept fontaines publiques qui fournissent abondamment de l'eau aux habitans de cette ville. Cette eau, comme toutes celles de première qualité, est très-fraîche en été et d'une chaleur tempérée en hiver. Cette source a encore cette propriété de ne tarir jamais.

Cette circonstance d'une source aussi précieuse, jointe à la salubrité de l'air renouvelé et rafraîchi sans cesse par le mouvement des eaux de la rivière du Gardon qui coule au pied de la ville, et à la position avantageuse d'un lieu élevé près d'une gorge de montagnes et naturellement fortifié, fait présumer que depuis très-longtems ce lieu est habité, soit à raison de ses eaux et de sa position propre à le défendre en tems de guerre, soit à raison des ressources que son terrain offre pour les besoins de la vie. Les ruines de ses anciennes habitations dont on découvre encore des vestiges à la croupe et au sommet de la montagne St-Julien, au bas de laquelle est bâtie aujourd'hui la ville; celles des voûtes ovales en forme de grandes cuves taillées dans le roc, qu'on trouve au haut de la montagne; enfin, la tradition, tout fait présumer une très-haute antiquité et confirme encore l'idée où l'on est que les premières habitations furent construites au haut de cette montagne.

Le nom d'*Anduze* paraît formé de deux mots celtes, de *An* ou *And* et de *Dus*, dont l'un signifie *En*, et l'autre *Deux*, et comme pour dire *en deux;* ce qui donne une idée à-peu-près juste de l'état des deux montagnes qui dominent cette ville et qu'on dirait avoir été coupées en deux primitivement par les efforts du Gardon; ce qui est vraisemblable. Cette étymologie, qui paraît la plus naturelle, n'exclut pas la possibilité d'une étymologie grecque: ce nom pouvant avoir été formé de deux mots grecs, de la préposition *ana* et de *duo* qui ont à-peu-près la même signification, ou par deux, ou bien de *anadusis* même, et comme pour dire sortie ou élevée des eaux; ce qui convient encore à cette ville. Du mot *anadusis* a pu se former par syncope *andusis*, et les Romains, maîtres de la Gaule narbonnaise, ont pu donner au même nom une terminaison latine et faire *andusia*.

Quoiqu'il en soit, l'origine première de cette ville est d'autant plus incertaine qu'elle est très-éloignée. Plusieurs monumens attestent qu'elle a joui d'une certaine splendeur dans les beaux siècles de Rome, et d'autres font conjecturer l'antiquité la plus reculée.

Un de ces monumens est un piédestal de marbre blanc, à quatre faces, à l'une desquelles on lit l'inscription suivante, en caractères très-beaux et tels qu'ils étaient en usage dans le siècle d'Auguste:

ANDVSIA
BRVGETIA
TEDVSIA
VATRVTE
VGERNI
SEXTANT
BRIGINN
STATVMAE
VIRINN
VCETIAE
SEGVSTON (1)

Les trois autres faces sont unies. On ne voit pas bien à quel usage peut avoir été destiné ce monu-

(1) Ce monument a été trouvé en 1747 dans un champ situé sur le chemin de Nimes à Sauve, près la fontaine de Nimes. C'est un marbre blanc, carré, de 7 pouces 8 lignes de hauteur et d'une largeur égale dans chacune des quatre faces qui sont de 5 pouces. Au-dessus du piédestal, sur le côté gauche de la face où est l'inscription, on voit des creux qui ont dû servir à placer ou à assujétir une ou deux statues de grandeur proportionnée. Ce marbre appartenait, en 1750, à M. Esprit Fléchier de St-Julien, ancien officier de dragons, résidant à Nimes.

ment. On conjecture que c'est un vœu ou dédicace que firent, en commun, les habitans des lieux désignés, à quelque divinité particulière, dont la statue, qui pouvait être de bronze ou d'un métal plus précieux, était soutenue par une guirlande ou quelque ornement semblable placé du côté de l'inscription où est une marque qui semble le faire présumer. Ces lieux ou villes, qui étaient de la dépendance des *Volces arécomiques* (1), sont rangés comme on voit de quatre en quatre, à l'exception du dernier qui se trouve seul, et il y a apparence que les noms VGERNI et VCETIAE, qui sont au pluriel et hors du rang, annoncent quelque distinc-

(1) Les Volces arécomiques étaient anciennement les peuples de la Gaule narbonnaise, qui occupaient dans cette province les deux bords du Rhône, suivant Tite-Live; et suivant les autres auteurs, ceux qui étaient en-deçà, c'est-à-dire à la rive droite de ce fleuve. Pompée les ayant réduits, ce nom ne fut donné qu'à ceux qui habitaient en-deçà et à quelque distance du fleuve. On les nommait *Peuples* ou *Volces arécomiques*, à cause de leur bravoure; ce mot était formé de deux mots grecs, dont l'un, *Ares*, signifie le dieu Mars, et l'autre, *Kome*, village ou région, et comme pour dire pays de Mars ou des guerriers. Les anciens géographes leur désignent deux chefs-lieux ou villes principales, qui étaient *Nemausus* ou *Nemausum colonia*, et *Vindomagus*, c'est-à-dire Nîmes et Vindomagus qu'on conjecture avec quelque fondement être la ville du Vigan, ville à 7 ou 8 lieues d'Anduze, à l'Ouest, et où l'on trouve encore des vestiges d'une ancienne et grande ville. Anduze et Uzès occupaient le second rang.

tion particulière, ou les chefs-lieux de ceux qui suivent dans l'inscription et pouvant former alors comme des districts ou gouvernemens particuliers dont les autres dépendaient; et comme il n'y en a point de semblable à la tête des quatre premiers, il est vraisemblable qu'on sous-entendait quelqu'autre chef-lieu principal très-connu et qui pouvait être alors, ou la ville de Nimes, qui avait sous sa dépendance vingt-quatre autres villes, au rapport de Pline, ou l'ancienne Vindomagus, qu'on croit être le Vigan, ou bien enfin Anduze même placée à la tête de l'inscription, comme la première ou principale ville de ces cantons. Des onze lieux ou villes désignés dans ce monument, et à la tête desquels se trouve Andusia, on n'en connait d'existant aujourd'hui en particulier que deux, Andusia et Vectiæ, Anduze et Uzès. On n'a, à la rigueur, que des probabilités plus ou moins fondées sur la vraie position des autres, et il y en a même dont cette position est absolument ignorée. Cependant on peut arriver à des approximations qui ressemblent parfaitement à la vérité sur plusieurs : d'abord, il est probable que ceux qui sont placés de suite dans l'inscription étaient peu distans les uns des autres et formaient comme un arrondissement; et alors il y a lieu de croire que Brugetia, par exemple, était peu éloigné d'Anduze. Le seul endroit connu, dont le nom ait quelque rapport avec Brugetia, est Brouzet, village à deux lieues d'Alais, et à trois ou quatre d'Anduze, dans la plaine. L'analogie, ou plutôt l'identité de nom, entre Brugetia (que les Latins prononçaient Brougetia) et Brouzet, existe et rend cette conjecture très-probable.

Quant à Tedusia et à Vatrute, on ne voit aucun lieu, dans les environs d'Anduze, dont le nom ait quelque rapport avec l'un ou l'autre de ceux-ci, à moins que ce ne soit Thoiras et Vézénobres qui peuvent avoir été plus considérables qu'ils ne sont.

La connaissance et même la vraie position de Vgerni ou Vgernum serait bien moins douteuse, si l'on était certain que les noms des villes n'ont point changé. On sait que Vgernum était un château situé sur la rive droite du Rhône et sur le chemin de Nimes à Arles, qui existait encore au VIme siècle de l'ère chrétienne, et que Grégoire de Tours appelle *Vgernum Arelatense castrum*. On sait de plus que c'est dans ce château de Vgernum qu'Avitus fut reconnu empereur par la noblesse gauloise, l'an 445 de l'ère chrétienne, dignité qui lui fut confirmée depuis à Rome. Ils ne reste plus rien de cette ancienne forteresse, sur les ruines de laquelle on croit que la ville de Beaucaire a été bâtie, et qui aurait pu être anciennement le chef-lieu des endroits suivans, c'est-à-dire de *Sextant*, de *Briginn*, de *Statumæ* et de *Virinn*.

Le lieu, mis sous le nom de *Sextant*, est encore connu. C'est la ville qui a porté successivement les noms de *Sextant*, *Sextantio*, ou *Sustantio*, ou *Substantio*, ou *Sextantion*, dont on voit encore les ruines à un quart de lieue de Montpellier, près de Castelnau, et qu'on nomme encore *Sostention* ou *Soustantion*, ville qui fut remplacée par *Melguier* ou *Mauguio*, qui a servi de siège à l'évêché de *Maguelone* pendant 300 ans, et qui n'est plus aujourd'hui qu'un village à une lieue de Montpellier. Cet endroit a été célèbre par plusieurs plaids qui y furent tenus, et par la monnaie qu'on y frappait, laquelle eut longtems cours dans la province du Languedoc.

Quant à *Briginn*, on croit encore être fondé à penser que c'est le village qui porte aujourd'hui le nom de *Brignon*, situé sur le Gardon, entre Nimes et Alais, à 3 ou 4 lieues de distance de ces villes et de Beaucaire : l'analogie des noms et les ruines encore à découvert d'une ancienne ville fortifient cette opinion.

Les lieux mis sous les noms de *Statumæ* et de *Virinn* sont inconnus, ou du moins on ne voit aucun lieu dans ces cantons dont le nom ait rapport avec ceux de ces villes, à moins que ce ne soit *Triadou* ou *Tréviers* qui en ont un peu avec *Statumæ*, et *Vauvert* qui en a aussi avec *Virinn*, et qui est à 4 ou 5 lieues de Beaucaire.

Il n'en est pas de même d'*Ucetiæ* ou *Uzès*, ville qui paraît presque aussi ancienne qu'Anduze et qui avait de plus, dans ce tems, un gouvernement particulier, d'où dépendait sans doute *Seguston*, qui est le dernier nom de l'inscription et le seul sous *Ucetiæ*, et pour lequel on ne trouve que *Sagues*, village entre Uzès et le Pont-St-Esprit, dont le nom ait quelque rapport avec *Seguston*; ce qui n'est pas très-éloigné de la vraisemblance.

Voilà, ce me semble, ce qu'il y a de plus raisonnable à conjecturer sur cette inscription, qui prouve qu'Anduze tenait au moins le second rang, après Nimes et *Vindomagus*, dans les beaux siècles de Rome, dans le pays des Volces arécomiques.

A cette preuve d'antiquité de la ville d'Anduze, on peut en ajouter une autre, ou du moins une forte présomption tirée de la ressemblance ou identité de noms qui existe entre *Andusia*, ville de France, et *Andosia*, ville d'Asie, dont parle Ptolémée (lib. V., c. IV.), fondée anciennement par les *Tectosages*, sortis originairement des Gaules, et qui devinrent les fondateurs de plusieurs villes en Asie, sous le nom de *Galates* (c'est le même peuple auquel St Paul adressa une épître), et dans la partie qu'on appela pour cette raison *Galatie*. On sait que Bellovèse et Sigovèse, neveux d'Ambigat, ancien roi des Celtes, vers l'an 590 avant J.-C., c'est-à-dire du tems de Tarquin l'Ancien, ayant passé, à-peu-près à cette époque, les Alpes, à la tête d'une armée nombreuse de Celtes, dans la vue de fonder des colonies, s'établirent, après plusieurs combats, l'un, Bellovèse, au pied des Apennins, dans le Frioul et tout le long du Pô, où sa postérité s'accrut, et fonda la province que les Romains appelaient *Gallia cisalpina* ou *Gaule cisalpine*; et que l'autre, Sigovèse, avec une partie des Celtes ou Tectosages, dont Brennus était un autre chef, et quelques Grecs qu'il prit sur son passage, pénétra dans l'Asie-Mineure, où il fonda, sous le nom de *Tectosages*, de *Galates*, de *Gallo-græci*, le royaume de Galatie ainsi que plusieurs villes auxquelles ces chefs donnèrent leur nom ou celui des lieux qu'ils avaient habités dans les Gaules, et parmi lesquels on trouve le peuple nommé *Tolistoboii*, qui répond sans doute à celui de *Tolosactes* de César, ou des Toulousains, et celui de *Tolistochorium*, vraisemblablement pour rappeler

Toulouse; celui d'*Andosia*, ou de *Landosia* peut-être pour *Andusia*, etc; ce qui serait une nouvelle preuve de la très-haute antiquité de cette ville. D'ailleurs, quant aux dénominations tirées des pays qu'on avait habités, on voit que c'était l'usage des guerriers de ce tems-là, puisque Bellovèse le Celte en fit de même au-delà des Alpes; et il est très-probable que *Andes* par exemple, village près de Mantoue, et lieu natal de Virgile, ne fut ainsi nommé par les Gaulois qui fondèrent la Gaule cisalpine, que parce qu'ils étaient du canton d'*Angers*, peuples que César nomme *Andes*. Les Celtes apportèrent dans les pays qu'ils conquirent, non-seulement les noms des lieux qu'ils avaient occupés dans les Gaules, mais leurs mœurs et leur religion, comme on peut s'en convaincre par le portrait que Diodore de Sicile et Ptolémée font des Tectosages d'Asie, dont les mœurs et les habitudes étaient les mêmes que celles des Tectosages d'Europe, et dont les vertus guerrières étaient les principales. Leur divinité favorite était le dieu Mars, auquel ils sacrifiaient jusqu'à des victimes humaines.

Mais ces mœurs féroces des Tectosages furent adoucies par l'agriculture et le commerce, dont les Phocéens, établis d'abord dans la Provence, inspirèrent le goût. La culture de l'olivier et celle de la vigne surtout, furent le premier bienfait que les Volces arécomiques reçurent de ce peuple grec, sorti de la Phocide de Grèce.

Ces Phocéens établis d'abord sur la côte de Provence, où ils fondèrent Marseille, environ 600 ans avant J.-C., se répandirent bientôt le long du Rhône et aux environs, où ils introduisirent non-seulement les arts qu'ils apportaient, mais leur propre langage en partie, et c'est d'eux principalement que la langue celte reçut d'abord les premiers changemens, car il ne paraît pas que jusqu'à cette époque, cette langue eût emprunté des mots des autres nations. Ceux que les Grecs introduisirent sont ceux qui servent principalement à désigner des instrumens araires ou de commerce, des ustensiles de ménage, les plantes et quelques termes familiers tels que des jurons. Aussi le petit nombre de ces mots qui sont conservés dans le Midi de la France, dans le Bas-Languedoc surtout, et aux environs d'Anduze, sont-ils de ce genre, comme on le voit, par exemple, dans le mot *Poutou* qui est évidemment le *pollos* des Grecs ou désir, comme on le voit encore dans le terme *Cavalisco*, ou *Cabalisco* (1), qui est un des plus familiers

(1) De *kaballou*, *isko* ou *eiko*, cheval de bât ou image de cheval de bât.

et qui, lié surtout avec la particule *aï* des Grecs, est d'un grec aussi pur que le *cadédis* (1) des Gascons, car les Grecs, en faisant cette exclamation *aikballou iskô*, exprimaient absolument ce que le Languedocien d'aujourd'hui veut dire en prononçant *aï cavalisco!* c'est-à-dire ah! cheval de bât, ou bête de somme! On retrouve également la source grecque dans les mots *crespino* (2), *grazâou* (3), *toupì* (4), *cledo* (5), *coumbo* (6), *câoumasso* (7) *ou châoumasso*, *micocoulié* (8), *paissel* (9), *rako* (10),

(1) De *kadde* des poètes (pour *katadè*) et de *dis* ou *dios*, juron familier aux Grecs pour dire par Jupiter.

(2) De *krés é pinei*, ou chair qui boit, membrane de l'amnios qui contient de l'eau.

(3) Auge à manger des grains, de *graa*.

(4) Du bas grec *topias*, qui a la même signification, et le *toupì méjancié* des Languedociens est le *topias mesé* des Grecs, ou pot moyen.

(5) De *kleió*, d'où se forme *kleitron*, claie ou porte à barreaux.

(6) Le même que *kumbos* des Grecs, pour dire grotte profonde.

(7) Le même que *kaûma* des Grecs, chaleur extrême, chaleur étouffante.

(8) Le même que *mikron* ou *mikkonkolon* des Grecs, ou petit manger: parce qu'en effet le fruit du micocoulier n'a pas beaucoup de chair et est une petite ressource comme aliment.

(9) Le même que *possalos* des Grecs, c'est-à-dire pieu, échalas.

(10) De *raz-ragós*, grain de raisin, d'où s'est formé *rako* ou *raco* et *raffle*, marc de vendange.

amélanchiè (1), *oli de kade* (2), ainsi que dans quelques noms propres de lieux, voisins de cette ville, tels que *Ner* (3), *Gounel* (4), *Boukaïran* (5), *Lédignan*, *Poulian*, *Labôou*, *Boubâou*, *Cabanoulo*, qui sont tous, comme on voit, d'origine grecque.

On peut même de tous ces noms tirer des conjectures et presque des preuves ou que les Grecs avaient fréquenté et habité ces lieux, ou qu'ils les avaient nommés; que Boucoiran, par exemple, était l'endroit où l'on tuait les bœufs ou qui servait de boucherie; Lédignan et Labôou, des lieux où on les faisait paître; et Cabanoulo un endroit propre aux chevaux et peut-être un haras.

Quoiqu'il en soit, il est certain que les Grecs introduisirent si bien leur langue dans la partie mé-

(1) De l'*amelancheilâ* des Grecs, pour dire fruit ou aliment qui ne noircit pas; et en effet, ni la fleur qui est blanche, ni le fruit de l'amélanchier (*cratogus amélanchier*, Lin.) ne sont point sujets à brunir.

(2) De *elaion tou kaddou*, huile empyreumatique du genévrier que les Grecs nommaient *kados* ou *kaddos*, et les Latins *cadus*, dont on faisait des ustensiles comme des vaisseaux, et qui est le *juniperus onicedrus* de Linnée.

(3) De *néros*, humide, c'est ce qui convient à Ner, et Ner est l'abrégé de *néros*.

(4) De *gonos* ou *genos*, bien fertile, ce qui convient à Gounel.

(5) De *boucheiré*, boucherie, parce qu'il y en avait une vraisemblablement à Boucoiran, mot formé de *boos*, bœuf, et de *cheras* chair.

ridionale de la France, que lorsque les Romains vinrent s'y établir, les actes se passaient tous en grec. Cet usage subsista même jusqu'au IVe siècle de l'ère chrétienne. Les mots grecs, ensuite latinisés pour la plupart, furent confondus avec la langue des Romains de façon qu'on ne sait à laquelle des deux attribuer, par exemple, les mots *peiro*, qui peut être le *petros* des Grecs comme le *petra* des Latins; *paire*, qui est le *pater* des Grecs et des Latins; *estourisses*, qui est l'*ekteros* ou *icterus* des Grecs ou Latins, c'est-à-dire, *l'ictère* ou la *jaunisse; endervi*, qui est l'*erpôs* des Grecs ou l'*herpes* des Latins, pour dire une *dartre; catari* qui est le *katarro* des Grecs ou le *catharus* des Latins, pour désigner un *cathare; gypièiro* qui est le *gypsos* des Grecs ou le *gypsus* des Latins, c'est-à-dire *plâtre*, qui tiennent également à l'une et à l'autre langue.

Voilà à-peu-près à quoi se réduit le nombre des dénominations grecques particulières données aux environs d'Anduze. Quant à celles qui servent à désigner des plantes, des maladies, des parties du corps et de plusieurs autres objets et qui sont connues de presque toutes les langues de l'Europe, elles sont pour ainsi dire sans nombre et on en trouve beaucoup dans le languedocien, et la plupart de ces mots grecs commencent par la particule augmentative *bou :* tels que *bouto*, *boudufo*, *boutcillo*, *boutiflâou*, *boudiflo*, *etc.*

Sous les Romains, cette richesse dans la langue, qu'on reçut des Grecs, fut commune presque à toute la Gaule narbonnaise, surtout à la Provence, dont la langue est remplie de mots grecs. Anduze en reçut peu pour les dénominations de ses environs; mais elle en prit beaucoup des Romains avec lesquels cette ville eut des relations plus fréquentes et plus immédiates. Aussi retrouve-t-on dans une infinité de mots la langue de ces anciens conquérans des Gaules; et presque, par exemple, tous les lieux des environs d'Anduze furent nommés par eux; ce qui sert à prouver leur séjour dans cette ville.

La tradition nous apprend que d'ailleurs l'air, les eaux et les vins d'Anduze jouissaient d'une très-grande réputation chez les Romains. La même tradition ajoute qu'on préparait à Anduze des vins pour les consuls et les empereurs de Rome, dans des cuves taillées dans le roc; ce qui mérita à cette ville des titres particuliers qui annonçaient combien elle était affectionnée des Romains, qui la nommaient *leur chère colonie d'Anduze.*

Cette tradition se trouve justifiée, en partie, par la découverte qu'on a faite de ces cuves taillées dans le roc, et dont on en voit encore une ou deux sur la croupe de la montagne St-Julien ; il paraît qu'elles étaient destinées à conserver les vins les plus précieux. Cette réputation de ses eaux et de ses vins se soutient encore, parce qu'elle a toujours été fondée.

Des personnes instruites prétendent avoir lu qu'un consul romain écrivant à un de ses amis, établi dans les environs de Nimes, lui recommandait surtout *ses chères colonies d'Anduze et de Nimes*. Il s'en suivrait que les Romains semblaient être jaloux de mettre Anduze au nombre de leurs colonies.

Il est probable même que plusieurs grands personnages de Rome, charmés du site du lieu, de la salubrité de l'air et des eaux, ainsi que de la qualité de ses huiles et de ses vins et autres ressources pour la vie, établirent leur demeure dans les environs de cette ville. S'il fallait en donner la preuve, Générargues, Massillargues, qui étaient dans l'origine des maisons de campagne de *Gener* et de *Massilius*, etc., viendraient à l'appui de cette assertion.

Mais sans avoir recours à une prédilection particulière de la part des Romains pour cette ville, plus ancienne peut-être que Rome même, leur séjour le prouve par les seuls témoignages de l'histoire, puisqu'il est certain que Jules César, traversant les Cévennes, pour aller combattre *Vircingetorix*, en Auvergne, établit garnison romaine dans toutes les villes de la Gaule Narbonaise, surtout à *Anduze*, qui par sa position en exigeait une considérable; ce qui contribua vraisemblablement beaucoup à y répandre la langue de ces vainqueurs.

On n'en sera point surpris, si l'on considère la quantité prodigieuse de mots purement latins qu'ils y ont introduits, et qui s'y sont conservés pour la plupart presque sans altération : car indépendamment de ceux que l'on retrouve dans la langue du pays, tels que ceux de *gal*, *carri*, *gallina*, *nesci*, *sambuc*, *api*, etc., qui sont les abrégés des mots *gallus*, *carrus*, *gallina*, *nescius*, *sambucus*, *apium*, syncopés, presque tous les noms de lieux des environs d'Anduze ont été imposés par les Romains, et la plupart d'une manière très-heureuse et propre à en donner une juste idée, mais presque tous syncopés; changement ordinaire de toutes les expressions trop longues ou trop difficiles à prononcer. Tels sont les suivans, la plupart d'une expression pittoresque et métaphorique.

Ainsi ils donnèrent, par exemple, le nom de *Cantus Ranarum*, conservé encore sous celui de

Cantarano, à une source ou amas d'eau vis-à-vis d'Anduze, où les grenouilles se faisaient sans doute fortement entendre, comme aujourd'hui, et qu'ils nommaient pour cette raison *chant des grenouilles*; celui de *Petra mala* à une roche nue et couverte de mauvaises pierres, qu'on nomme *Pèïro malo*; celui de *Petra furcata* à une autre roche comme fendue en deux ou trois parties, ou fourchue, qu'on nomme encore *Pèïro fourcado*; celui de *Gypsiaria res*, à une plâtrière ou manufacture de plâtre qui subsiste encore aux environs de la ville, et qu'on nomme *Gypièïro*; celui de *Pulverulentus ager* à un terrain friable et sujet à la poussière, qu'on nomme encore *Pouvarel*. On reconnait les traces de la même langue, ou de *Pétra cassa*, dans le mot de *Pierescas*, pour dire pierre brisée ou un endroit pierreux, d'un très-médiocre produit, et entrecoupé de montagnes. On donne le nom encore de *Pèïros ounches* pour *Petra uncta* à un autre endroit pierreux et planté d'oliviers, dont le fruit huileux, comme l'on sait, tache et graisse les pierres comme l'huile qu'on en retire; celui de *Resclauso*, pour *res clausa*, à une chose close ou qu'on ferme, telle qu'une écluse; celui de *Pradello*, pour *Pratellum*, à un petit pré; celui de *Pradâou*, pour *Pratum altum*, à une prairie située au-dessus de la ville; celui de *cantacor* pour *cantus cornu*, ou chant de la corne ou du cor de chasse, à une élévation en forme de butte, sur une côte, lieu propre à donner du cor ou du cornet à bouquin qui était l'instrument des anciens, et où il y a encore un écho sensible; celui de *granèou*, pour *granotum* ou *granosum*, à un terrain fertile propre à produire beaucoup de grains, ou qui est grenu; celui de *maliver*, pour *mali viride* ou vert de pomme, à un pré d'une belle verdure ou d'un vert de pomme; celui de *curtillo*, pour *curti horti*, à un endroit garni de petits jardins; celui de *crès*, pour *crescens*, à un autre endroit au bord de l'eau, sujet à croître, comme sont la plupart des bords de la rivière du Gardon; celui de *galinièïro*, pour *galinaria res* à un endroit où l'on nourrit sans doute de la volaille, surtout des poules; celui de *mansarde*, pour *mansaria res*, à une métairie; celui de *cournadel* ou *cournatel* pour *cornuta tellus* à un terrain inégal, entrecoupé de points saillans et comme cornus; celui de *coudoulous* pour *cotulus* à un endroit pierreux où il y a surtout beaucoup de ces pierres que les Romains appelaient *cos*, *cotes*, et le Languedocien *codé*, qui est le même que le queux ou pierre à aiguiser; celui de la *feriaïro*, pour *ferrata res*, à un endroit où il y avait sans doute ou des mines de fer, ou des forges, ce qui ne serait pas difficile à croire, vu le terrain rougeâtre et par conséquent ferrugineux qu'on y observe; celui de *Flourac*, ou *Florac*, pour *Florida res*, à un lieu propre aux fleurs ou rempli de fleurs, ce qui est très-vrai; celui de *Gaujac* ou de *Gaudjac*, pour *Gaudiarum* ou *Gaudiosus locus*, à un lieu bien situé où l'on se plait, ou dont la vue est très-agréable; celui de *Veirac*, pour *Variegatum*, à un lieu varié pour le sol et les productions; celui de *Courbès*, pour *Curvata res*, à un lieu comme courbé ou qui forme des courbes; celui de *Counelle*, pour *Calida tellus*, à un endroit chaud; celui de *Fauguièïro*, pour *Fagiaria* ou *Filicaria res*, à un lieu planté de hètres, *fagus*, ou de fougères, *filix*; enfin ceux de *Massillargues* ou *Générargues*, pour *Massilii* et *Generi ager* ou *agri*, à des terres ou des domaines occupés par *Massilius* et *Gener* celui de *Ribâouto*, pour *Ripa alta*, à un terrain situé sur les bords de la rivière et d'une hauteur marquée et pour dire rive haute.

On trouve encore quelques traces sensibles de cette même langue dans la ville; car, indépendamment des noms de *galinièro*, de *carrieïro* pour *carrioriares*, ou choses propres au passage des voitures, des chariots, *carri* des Latins; celui de rue de *coste*, de *costa* qui se trouvait sur la côte de la montagne; celui de *riou*, ou de ruisseau, *rivus* ou *ridulus*; celui de *bouriane*, de *burrâ* ou *burris*, soc de charrue que l'on y fabriquait vraisemblablement; ceux de *fustarie*, de *fustis* ou poutre; de *pradoux*, *pratum dulce*, de *cournille* ou des *cornouillers cornus*, de *campnâou* pour *campus novus*; de la *Teissarié*, pour *textoria res*, ou tisseranderie, etc.; paraissant avoir tous été puisés dans la même source, et jusqu'à plusieurs noms d'hommes, tels que ceux de *Rodier*, de *rotarius*, charron; de *Teissier*, de *textor* ou *textorius* ou tisserand; de *Campesval*, de *campus vallis*; de *Vidal* pour *vitalis*, tout prouve la même origine.

Je crois que ces temoignages parlans suffisent pour prouver que les Romains, établis à Anduze, changèrent presque tous les noms celtes ou grecs des environs, et leurs substituèrent des dénominations purement latines. Comme leur langue était belle, presqu'aussi étendue alors que leurs conquêtes et qu'il était du bon ton de la parler, il n'est pas étonnant que tous ces noms se soient conservés jusqu'à ce jour, sans autre changement que celui qu'amène le tems ou une prononciation vicieuse. D'ailleurs, on sait que jusqu'aux XIIIme et XIVme siècles, tous les actes se passaient en Latin.

Il paraît que le Christianisme ne s'établit à Anduze que deux ou trois siècles après la puissance romaine : c'est-à-dire vers l'an 300, si l'on en juge par le nom de St-Julien, qui ne fut donné à la montagne d'Anduze que vers la fin du IIIme siècle, autems où le saint de ce nom fut martyrisé en Auvergne, sous Dioclétien. C'est le plus ancien monument du Christianisme qu'on connaisse dans cette ville, attesté d'ailleurs par les vestiges d'une ancienne église, sous l'invocation du même saint, située sur la crête de cette montagne, qui subsiste encore, et qu'on appelle *gléïséto*, ou petite église. On commença dès-lors à substituer aux noms donnés par les Romains ceux que la religion, puissance nouvelle, introduisait à son tour, c'est-à-dire ceux des saints ou des saintes, en faveur desquels on fit, comme c'est l'usage, ce qu'on avait déjà fait en l'honneur des vainqueurs. On en fit à-peu-près de même à l'égard des *Goths*, des *Visigoths*, des *Vandales*, des *Huns*, des *Bourguignons*, des *Francs*, des *Sarrasins*, etc., à mesure que leur pouvoir s'établissait. Chacun de ces peuples vainqueurs laissait des traces de sa langue ou de son pouvoir; et celle de la province Narbonnaise, soumise successivement à différentes nations, se ressentit de leur influence et de leur séjour, perdit peu à peu de sa beauté, soit grecque soit latine, et devint un mélange de plusieurs, comme les noms de *langue de Oc*, *langue de Oy*, que la province de Languedoc a portés qui indiquent et qui prouvent non-seulement la différence des idiomes de la même langue dans le même pays de France, mais les diverses altérations ou les changemens que la langue latine a subis, comme, par exemple, pour dire oui, *auditum est*, participe que certains cantons rendaient par *oc*, d'autres par *oy*, ce qui servit à la distinction de ces cantons, dont l'un fut appelé *Langue de Oc* ou *Languedoc*, et l'autre *Langue de Oy*, ou le même participe, *d'audire*, altéré et prononcé de deux manières différentes; ce qui existe encore, car *oc* et *oy*, suivant les idiomes, signifient également *oui*, ou *auditum est*, c'est entendu.

Parmi le petit nombre de mots que les Sarrasins ou les Arabes introduisirent dans ce canton, depuis les Grecs et les Romains, on trouve celui de *subeth*, nom arabe d'une maladie comateuse employé souvent pour synonyme d'apoplexie; celui d'*amalu*, pour dire l'os sacrum, d'où s'est formé le verbe languedocien *amaluga;* celui d'*abjalas* ou *arjhalas*, qui est le nom du genêt épineux, spartium scorpius, qui paraissent tous des mots arabes introduits par les Sarrasins, ainsi que celui d'*alteirac*, nom d'une famille ancienne établie à Anduze, et ceux-là indépendamment de ceux d'almanach, d'alambic, etc., communs aux langues du reste de l'Europe.

Ce qu'on vient d'exposer suffit sans doute pour faire connaître soit l'antiquité d'Anduze, soit les peuples avec lesquels cette ville eut des relations primitives, et quels sont ceux qui ont le plus influé sur ses mœurs et sur son langage. Jusqu'ici c'est un chef-lieu des Volces Arécomiques ou d'une colonie romaine, déjà célèbre par ses eaux, par ses vins, par la salubrité de l'air qu'on y respire, qui fut bâtie vraisemblablement au haut de la montagne ou sur sa croupe. Avant de la voir bâtie jusqu'à la rivière avec ses châteaux, ses tours, ses fontaines, ses portes, ses fortifications; avant de faire mention de ses guerres, de ses anciens seigneurs, parmi lesquels se trouvent les princes et les premières maisons de France, il faut examiner un passage remarquable de Sidoine Appollinaire, évêque de Clermont, qui a des rapports avec le ville d'Anduze, et tend à prouver que les maisons de cette ville, placée sous le ciel ou le climat le plus beau peut-être et le plus tempéré du monde, pouvaient être aussi intéressantes que la ville même par le séjour des personnages les plus distingués du Vme siècle.

Examen d'un passage de Sidoine Appollinaire, évêque de Clermont. An 460.

On sait qu'avant que l'empire romain fut divisé en deux, en celui d'Orient et celui d'Occident, et même quelque tems après, les Gaules étaient gouvernées par des préfets, dont un des principaux fut Tonance Ferréol, qui habitait une maison située sur la rivière du Gardon, et voisine de celle d'un autre personnage, Appollinaire, sénateur et parent de l'évêque de Clermont, qui en a fait mention dans ses écrits. La position de ces deux maisons sur la rivière du Gardon a été l'objet des recherches d'un mémoire qu'on trouve inséré parmi ceux de l'Académie des inscriptions et belles-lettres, tom. III, p. 282. L'auteur de ce mémoire, M. de Mandajors, d'Alais, prétend que ces maisons, dont Sidoine Appollinaire fait mention dans une de ses lettres sous les noms de *Prusianum* ou *Plusianum* (1), de *Voroangus* ou *Vorocingus* (2),

(1) Dans l'édition de Paris, de 1598, des OEuvres de Sidoine, on lit *Plusianum*, (V. *C. solli Sidōnii Appollinaris avernorum episcopi opera*, etc. Parisiis, 1598, in-8o); dans celle de Savaron, de 1599, on lit *Prusianum*.

(2) Le reproche que les auteurs de l'Histoire de Languedoc ont fait à M. de Mandajors sur l'emploi de ce mot qu'on ne trouve pas, selon eux, dans Sidoine, n'est pas fondé, puisque Sidoine a employé l'un et

étaient situées près d'Alais ou à Alais même, et que c'étaient les lieux qu'on appelle aujourd'hui *Brésis* ou *Brouzen*, qui répondent, selon cet auteur, à ceux de *Voroangus* et *Prusianum*. M. de Mandajors fonde principalement son opinion sur l'analogie qu'il trouve entre les noms anciens et ceux d'aujourd'hui, sur la position de ces lieux sur le Gardon et sur le chemin de Nimes à Clermont, ce qu'il croit presque incontestable, et ne pouvoir appartenir qu'à *Bresis* et *Brouzen*. Mais pour faire sentir combien cette conjecture est peu fondée, il n'y a qu'à exposer le passage de Sidoine.

Cet auteur dans sa lettre à Domitius, qui est la neuvième, livre II, lui dit : « Qu'ayant fait un voyage de Clermont à Nimes, son retour a été retardé par le séjour qu'il a été obligé de faire dans deux maisons de campagne, l'une qu'habitait Tonance Ferréol, et l'autre Appollinaire, son parent.» Il en marque la position sur le Gardon et ayant cette rivière entre deux : *si quidem domibus medius it vuardo fluvius*. Ces domaines sont voisins, dit-il, et les maisons sont à telle distance que l'éloignement de l'une à l'autre suffit pour lasser un homme à pied

l'autre, *Voroangus* ou *Vorangus*, dans sa lettre à Domitius, et *Vorocingus* dans sa poésie.

et ne suffit pas pour un homme à cheval : *prædiorum iis jura contermina, domicilia vicina quibus interjecta gestatio lassat peditem, non sufficit equitaturo.*

Les coteaux, ajoute-t-il, qui dominent l'une et l'autre maison, sont couverts de vignes et d'oliviers : *colles ædibus superiores exercentur vinitori et olivitori.* L'une a vue sur la plaine, l'autre sur des endroits couverts d'arbres ou de bois : *uni domui in plana patentiaque, alteri in nemorosa prospectus.* Mais l'une et l'autre, quoique dans une position différente, sont également agréables : *sed nihilominus dissimilis situs similiter oblectat.* Voilà à quoi se réduit le passage de Sidoine relativement à la position de ces lieux. Il est, par conséquent, évident que ces maisons étaient situées sur le Gardon, presque vis-à-vis et peu éloignées l'une de l'autre ; que l'une avait vue sur une plaine et l'autre sur des bosquets ou des coteaux couverts d'arbres ; il ajoute que l'une, celle qu'habitait Sidoine, était appelée *Voroangus* ou *Vorocingus*, et l'autre, celle de Tonance Ferréol, *Plusianum* ou *Prusianum.* Mais il serait impossible de trouver sur les bords de l'une des deux branches du Gardon, depuis sa source jusqu'au Rhône où il se jette, deux endroits voisins, ayant cette rivière au milieu, qui répondissent mieux à la position indiquée par Sidoine, soit pour les noms encore conservés, soit pour la topographie du lieu qui n'a point varié et sur la route de Nimes à Clermont, que deux maisons, dont l'une subsiste encore, qui est *Veirac* ou *Voroangus*, et l'autre *Pouilhan* ou *Plusianum*, qui offre les traces d'un ancien château, à environ une lieue d'Anduze, sur la rivière du Gardon qui est entre deux, et dont l'une, Plusianum ou Poulian, a vue sur une belle plaine, est dominée par des coteaux où l'on cultive la vigne et l'olivier, et l'autre, Voroangus, Veirac, dont le château est occupé par un seigneur du pays, de mes parens, est plus varié, plus garni d'arbres, entrecoupé de vallons et de coteaux, où l'on cultive également la vigne et l'olivier, n'ayant que des bosquets pour vue et distantes l'une de l'autre d'environ un tiers de lieue. Ainsi sans examiner toutes les raisons rapportées d'ailleurs par M. de Mandajors, il suffit de dire, pour les détruire toutes, que *Brésis* et *Brouzen* se trouvent du même côté de la rivière, circonstance qui ne répond pas à celle dont parle Sidoine, qui met le Gardon entre deux. D'ailleurs les noms *Brésis* et *Brouzen* n'ont aucun rapport avec ceux de *Plusianum* et de *Voroangus*; et du moment qu'on sait que *Brugetia* était le nom de l'ancien *Brouzet*, dont Brésis et Brouzen n'étaient que des dépendances ou le territoire, il était inutile de se mettre l'esprit à la torture pour faire cadrer ces noms et ces lieux avec le passage de Sidoine Appollinaire. Il n'en est pas de même, comme on a vu, de Veirac ou de Pouilhan ou Poulian. Indépendamment de la conformité, pour ne pas dire de l'identité des noms anciens et modernes, on voit encore à Pouilhan, des vestiges de l'ancien château ou maison de Tonance Ferréol; maison qui fut construite avec goût, et dont l'architecture romaine se fait encore remarquer malgré sa vétusté. Ainsi tout concourt à prouver que la maison de Pouilhan était celle de Tonance Ferréol (1), ancien préfet des Gaules, et le château de Veirac, celle du sénateur Appollinaire.

(1) Ce Tonance Ferréol a été regardé comme le personnage le plus remarquable et le plus considéré des Gaules, au Vme siècle. Les Gaulois, après plusieurs services essentiels qu'il leur avait rendus, lui décernèrent un genre de triomphe qu'il ne paraît pas qu'ils aient rendu à tout autre. Ils le portèrent, sur un brancard, en triomphe sur leurs épaules. Sidoine en fait l'éloge dans plusieurs de ses lettres; il était petit-fils, par sa mère, d'un consul romain, *Afranius Syagrius.* Il eut de Papianilla, sa femme, alliée à la maison de l'empereur *Avitus*, deux fils dont l'un, qui fut Tonance, s'établit à Narbonne, et un autre nommé Rorice, qui fut évêque d'Uzès. Ce second Tonance eut pour fils Tonance Ferréol III. Celui-ci, *Ansberg*, qui fut sénateur et duc d'Austrasie, et qui eut pour petit-fils, *Arnoul, duc* également *d'Austrasie* et grand-père de *Pépin d'Héristel*, père de *Charles-Martel et de Childebrand*, dont l'un fut la souche de la deuxième race

On voit par le récit que fait Sidoine Appollinaire de son séjour dans ces demeures, à son retour de Nimes à Clermont, vers l'an 460, que Tonance Ferréol réunissait chez lui une partie de sa famille et la principale noblesse des Gaules ; que le tems y était partagé entre le plaisir de différens jeux, celui de la promenade et celui de la conversation ; qu'on y jouait aux dés (vraisemblablement au trictrac), à la paulme, à un jeu à tourner (peut-être à celui de la bague), on y dinait à onze heures, on faisait la méridienne, et on montait à cheval l'après-midi.

Sidoine parle encore d'une autre habitude, où l'on était, de prendre le bain de vapeur dans la vue de suer, surtout lorsque le vin portait à la tête. Pour cela on faisait une fosse et l'on formait avec des branches d'arbres, une cabane en forme de voûte et de grotte, qu'on couvrait de feuilles de coudrier. Lorsqu'on voulait prendre le bain, on versait de l'eau sur plusieurs cailloux rougis au feu et mis au fond de la grotte, dont on recevait la vapeur. On y restait plus ou moins de tems et jusqu'à ce que l'on eût sué suffisamment. On en sortait pour

des rois de France, et l'autre celle de la troisième, c'est-à-dire trisaïeul de Robert-le-Fort, qui le fut de Hugues Capet, tige de la troisième race des rois de France.

passer dans un autre bain d'eau froide; et comme la rivière du Gardon était voisine, l'auteur dit que l'on choisissait ordinairement ses bords pour y prendre le bain de vapeur.

Cet usage qui n'existe plus en Languedoc, mais dont on trouve les traces chez les Russes et les Américains, s'il a des avantages dans les pays excessivement chauds, peut avoir de grands inconvéniens dans un climat tempéré, et ne peut convenir que dans le cas où le corps excessivement fatigué par la chaleur, soit par le mouvement, a besoin d'un tonique pour le remonter; mais encore y a-t-il beaucoup de précautions à prendre. Sidoine parle encore du goût qu'avait Tonance Ferréol pour les belles-lettres, qu'il cultivait avec succès, et de sa bibliothèque qui, d'après son rapport, était fort étendue. Elle était composée surtout des auteurs grecs et latins et des auteurs les plus estimés. Il cite entr'autres Horace, Virgile, dont on voyait les œuvres à côté de celles d'Origène, de saint Augustin et autres. Il fait mention encore des vestibules destinés aux lieux d'exercice, d'un grand nombre de domestiques, ce qui suppose une vaste maison ou plusieurs. Celle dont on voit encore les vestiges à Pouilhan, devait être honnêtement grande et n'était point seule. Celle qui était à mi-côte devait être la plus spacieuse et celle dont on voit les vestiges sur les bords du chemin, communiquait vraisemblablement avec la première.

On ignore ce que devinrent les possessions de Tonance Ferréol et d'Appollinaire dans cette partie du Bas-Languedoc, lorsque les Visigoths s'emparèrent du territoire de Nimes vers l'an 470. Mais on sait que Tonance se retira à Trévidon, maison de campagne qu'il avait sur les confins du Rouergue, qu'on croit Trèves dans le diocèse d'Alais, et Appollinaire en Bourgogne, du côté de Lyon, et il y a apparence que leurs domaines furent dévastés par les vainqueurs.

Il paraît que l'ancienne ville d'Anduze, dont le territoire fut peut-être dévasté de même par les Visigoths, placée d'abord sur le sommet de la montagne St-Julien, reçut ses principaux ornemens de la colonie romaine qui y avait été établie, surtout si l'on en juge par la solidité et la structure de ses fontaines et de ses aquéducs ou conduits de leurs eaux au nombre de sept, de structure romaine et de très-bon goût, et par les cuves taillées dans le roc qu'on observe au haut de la montagne, et qu'elle ne commença à s'étendre, en se rapprochant de la rivière, qu'un peu tard et vers les VIme et VIIme siècles de l'ère chrétienne. Il paraît encore que ce ne fut qu'à-peu-près vers ce tems qu'on commença à y établir des monastères et des églises, dont une qui n'existe plus était sous l'invocation de Notre-Dame et portait le nom de *Notre-Dame-du-Bourg*, et que celle dont on voit encore les ruines au sommet de la montagne St-Julien fut la première construite sous l'invocation de ce saint au commencement du christianisme en France. Il est vraisemblable encore que c'est peu de tems après que fut construit le vieux château d'Anduze, non loin de la porte de Beauregard ou de Bertrand-Paue et aux environs duquel on bâtit des maisons qui formèrent alors le *Bourg* ou *Faubourg du château d'Anduze*, qui était une forteresse, et que la nouvelle ville s'étendit considérablement, et au point qu'au commencement du IXme siècle, c'est-à-dire vers l'an 800, le territoire d'Anduze, qu'on appelait *Andusenq*, était partagé entre trois seigneurs ou seigneuries, dont l'un était Dadila, seigneur et duc de Septimanie, auquel l'empereur Charlemagne fit plusieurs dons de terres et de droits seigneuriaux, Auscinde, abbesse d'un couvent considérable de filles à Anduze(1), et Aldebralde, seigneur d'une

(1) Quelques personnes croient que la maison paternelle a servi de couvent, fondées sur l'inscription d'*Ave Maria* qu'on y voit et sur le

partie du territoire de cette ville. On voit par le testament de Dadila que ce seigneur possédait des terres immenses dans le territoire de Nimes, d'Uzès, de Maguelonne, d'Anduze, de St-Jean de Gardonenque, etc. On y lit que Charlemagne l'avait beaucoup favorisé et qu'il laissa des terres considérables à deux de ses filles, dont l'une s'appelait *Paulete* et l'autre *Dodane* (Dodana et Paulita), entre autres un bien considérable appelé *Marional*, situé dans la vallée de Gardonenque, *locus Marionallus quod in valle Gardionenqua*. Ce Dadila se disait fils de Grégoire; il laissa une veuve nommée Ermengarde.

Par un autre acte passé en 813, on a la preuve que cet Aldebralde, qu'on croit avoir été un des premiers seigneurs d'Anduze, avait eu en propre un village nommé *Berthomates* ou *Berthoumîou*, situé sous le château d'Anduze, et dont Auscinde, abbesse d'un monastère de filles de la même ville, et qui l'avait acquis de cet Aldebralde, fit présent à l'abbaye d'*Aniane* (1), près de Montpellier. Le même acte porte qu'Anduze était alors du

symbole de la bonne foi, figurée dessous par deux mains croisées: cette conjecture paraît vraisemblable.

(1) La maison de cette abbaye très-célèbre était située près de Montpellier à l'endroit où est aujourd'hui la *Mousson*.

territoire de Nimes, qu'il y avait un château qui, avec les maisons voisines, formait le faubourg de la ville, et que le village de Berthomates, donné par Auscinde à l'abbaye d'Aniane, était situé au-dessous de ce même faubourg d'Anduze, *in territorio nemausensi, suburbio castro andusianensi sive infra ipsum.* On voit par le même acte qu'Auscinde est qualifiée de seigneuresse, *seniorissa nostra*, par Trudoine et Salomon, ses avocats qui passèrent l'acte; ce qui semblerait prouver, ou que cette abbesse partageait encore avec quelqu'un (avec Aldebralde sans doute) la seigneurie d'Anduze, ou qu'elle la possédait seule. Cet acte, passé en latin, sert à établir de plus qu'il y avait, au commencement du IXme siècle, des avocats (*advocati*) à Anduze; qualification qui était le titre qu'on donnait à ceux qui passaient les actes. (Voy. *Cartulaire de l'abbaye d'Aniane* et *Preuves de l'histoire de Languedoc*, tom. I, p. 35.)

Isnard était à la même époque abbé de l'abbaye de Tornac, près d'Anduze; cette abbaye, de l'ordre de Cluny, était sous l'invocation de saint Etienne, un des premiers martyrs de la religion et très-vénéré dans ces cantons. La nouvelle ville d'Anduze, avec son château-fort, ne formait alors qu'un faubourg qu'on avait commencé à bâtir, surtout vers le midi, immédiatement au-dessous l'ancienne ville. Elle s'étendit peu-à-peu, et les noms donnés à plusieurs places et rues de cette nouvelle ville et qui sont presque tous français en font foi et prouvent que le peuple y perdait déjà l'habitude de la langue romaine, quoique les actes y fussent toujours passés en latin. La religion chrétienne y suivait à-peu-près les progrès des nouvelles maisons. Il y avait déjà des monastères d'hommes et de filles; des rues et des places qui portaient les noms des saints et des saintes, comme celles de St-Etienne, de Notre-Dame, etc. Il y a apparence que le premier quartier qui y fut construit y forma une nouvelle paroisse sous le nom de Notre-Dame et dont l'église du même nom fut la paroisse. Cette église, qu'on appelait anciennement *Notre-Dame-du-Bourg*, ne subsiste plus comme on a vu, mais le nom a resté. Les noms des premières rues de ce bourg ou ville nouvelle se ressentaient encore un peu de l'influence de la langue romaine qu'on cessait de parler. On donna ensuite le nom de Ste-Marie à celle qui conduisait à Notre-Dame. La place St-Etienne n'était alors que le cimetière des deux villes. Quant à la position du monastère dont Auscinde était abbesse, il y a lieu de croire qu'il était situé à l'endroit indiqué. On ne sait rien de positif sur la vraie position du village *Berthomates;* mais comme il y avait plusieurs églises dont la principale était sous l'invocation de saint Hilaire, plusieurs métairies et des moulins à eau, on peut conjecturer que ce qu'on appelle aujourd'hui *Moulin à papier* en faisait partie avec ses dépendances, et que ce terrain était celui qui s'étend depuis les Cordeliers jusqu'à la montagne du moulin à papier et à la rivière. L'acte rapporté ci-dessus fait mention, en outre, de terres en friche, de prés, de vignobles, de bois, etc.

Aldebralde, dont on vient de parler et qui partageait la seigneurie d'Anduze avec Dadila, épousa la veuve Ermengarde dont il eut deux fils, *Pierre* et *Bernard* surnommés l'un et l'autre d'Anduze, occupant le *château* ou forteresse et seigneurie de cette ville. De ces deux fils, *Pierre* et *Bernard*, l'un fut seigneur d'Anduze sous le nom de *Pierre Ier*; l'autre embrassa l'état ecclésiastique et devint évêque de Nimes en 946; il fut successeur de Raynard, sous le nom de Bernard II (1). Il précéda Frotaire. Ce Pierre d'Anduze est qualifié seigneur

(1) Il parait que MM. de Ste-Marthe ont confondu ce Bernard d'Anduze avec un autre du même nom, qui fut également évêque de Nimes et successeur de Bégou. (Voy. *Hist. du Languedoc*, tom. II page 102.)

de cette ville, *Dominus Andusiensis*. (*Gallia christ.* tom. VI.)

Au commencement du Xme siècle et sous ce Pierre d'Anduze, le château de ce nom tenait déjà un rang distingué dans la province, comme on le voit par un plaid qui y fut tenu en 914, et auquel Frédelon, vassal de Raymond, comte de Toulouse, présida, assisté de Darvade, vicomte de Rodez, et de plusieurs autres seigneurs de la province. On sait qu'alors les causes étaient jugées en dernier ressort dans ces plaids ou assemblées de seigneurs. Hubert ou Ugbert, évêque de Nimes, se rendit à celui-ci pour y porter des plaintes contre un particulier, nommé *Airade*, lequel détenait injustement un alleu considérable qu'un autre particulier, nommé *Gilabert*, avait donné à l'église de Notre-Dame de Nimes. Après que chacun eut exposé ses raisons, l'affaire fut jugée et cet alleu fut accordé à l'évêque par les seigneurs qui tenaient le plaid. (Voy. *Archives de l'église de Nimes*, cart., fol. 19, n. v, et *Hist. de Nimes par Ménard*, pr., ch. IV, col. I, p. 141, 148.)

Soit que ce Pierre, seigneur d'Anduze, eût acquis de grands biens de sa femme, soit qu'il en eût en propre, il est certain que ses domaines étaient fort étendus.

En 943, il donne le château de St-Marcel, ou St-Martial, à l'église de Nimes. Ce château, qu'on trouve dans les chartes sous le nom de *Castrum Sancti-Marcelli* et *Castrum Sancti-Martialis*, était situé à 5 lieues sud-ouest d'Alais, du côté de Sauve. (Voy. *Gallia christiana*, N. Ad. tom. VI, p. 434, et *Hist. de Nimes*, tom. Ier, chap. V., p. 9.)

La maison d'Anduze était déjà une des plus considérables du Languedoc, vers la fin du Xme siècle. Pierre eut pour fils Bernard Ier ou II du nom qui lui succéda. Ce Bernard fut un personnage très-recommandable et celui qui donna le plus de lustre à cette maison, soit par ses alliances, ses fondations, soit par l'étendue de ses domaines. On voit dans un acte qu'il se qualifie de *Marquis d'Anduze* (*marchio*) (1), et dans un autre qu'il prend le surnom de *Pelet* ou *miles pelitus*, soit par un esprit de jactance ordinaire aux seigneurs de ce tems, soit pour d'autres raisons. L'acte dans lequel il prend cette qualification commence ainsi :

(1) On voit que le titre de *Marchio* ou *Marquis*, que prenaient les seigneurs de ce tems, vient de *marches* ou frontières, et celui d'Anduze pouvait le prendre, puisque les châteaux ou domaines d'Anduze et de Sauve, dont il était seigneur, situés dans le diocèse de Nimes, étaient sur les frontières ou marches de celui de Maguelonne. (Voyez *Hist. du Languedoc*, tom. II. pag. 148).

Ab ortu solis, etc., *undè motus pietate ego Bernardus, miles pelitus*, etc. (Voy. *Cartulaire de la cathédrale de Nimes*, fol. 80; dans le *Gall. christ.* tom. VI et *Hist. du Lang.* tom. II, p. 173, pr.) (1).

Cet acte sert à constater une donation qu'il fit en 1020 à l'église de Nimes; il en fit d'autres à celle d'Agde, et il y fonda celle qui était sous l'invocation de saint Félix de Vairac ou du Palais. Dans le monument qui constate ce bienfait de Bernard et l'époque de la dédicace de cette église, qui est de 1024, célébrée par Etienne, évêque de cette ville, on le qualifie de *seigneur et prince d'Anduze : — Consilio et voluntate domini principis Bernardi de Andusiâ.* (Voy. *Arch. de l'abbaye de Valmagne* et *Preuves de l'Histoire de Languedoc*, tom. II, p. 176.)

Ce Bernard, seigneur d'Anduze, de Sauve et

(2) Cette épithète *pelitus* après *miles* parait empruntée du nom d'Achille *Pelides*, auquel il voulait être comparé sans doute. D'autres dérivent le nom de Pelet d'une pelisse ou aumusse dont le premier fut revêtu.

Quant au titre de *Miles*, il n'était accordé dans ce tems qu'à ceux qui faisaient la guerre ou combattaient à cheval, c'est-à-dire aux chevaliers. Ainsi en adoptant la première étymologie de Pelet, qui paraît la plus naturelle, un *miles pelitus* était alors l'homme de guerre à cheval ou le chevalier armé, et dans la seconde, un chevalier portant une pelisse.

d'autres lieux, avait épousé, en premières noces et vers l'an 990, une Ermengarde ou Elmengarde, dont il eut trois enfans, *Frédol*, *Géraud* et *Almérade*, et en secondes noces, en 1013, *Garsinde*, veuve du comte de Béziers, de laquelle il eut deux fils, Raymond et Bermond.

1015. Des trois enfans du premier lit, *Géraud* et *Frédol* devinrent évêques, l'un de Nimes (Géraud), l'autre du Puy (Frédol). Le troisième, qui était Almérade, hérita du domaine d'Anduze, son père encore vivant; des deux du second lit, *Raymond* et *Bermond*, l'un, *Raymond*, mourut sans postérité, l'autre, *Bermond*, la continua et eut la maison de de Sauve en partage. Il y forma la souche de la maison de Sauve ou de Bermond. Almérade resta maître d'Anduze. Quant aux évêques, le pape Benoit VIII a fait une mention honorable dans une de ses lettres, de Frédol d'Anduze, évêque du Puy, qui était un prélat bienfaisant et qui fit beaucoup de bien à son diocèse. (Voy. *les PP. Mabillon et Pagi*, 1016 et 1018).

Vers l'an 1020, Almérade, seigneur d'Anduze avec son père, épousa Enaurs. Ce tems fut à-peu-près l'époque où l'on commença à battre monnaie à Anduze et à Sauve, et à raison de la consanguinité des deux maisons, cette monnaie fut frappée au coin de ces deux villes ; on la battait surtout à Anduze, où le nom de la rue de la Monnaie l'atteste encore. Cette monnaie, qui était d'argent et qui avait cours surtout dans les territoires d'Anduze et de Sauve, portait pour légende d'un côté, *Andusiensis*, et de l'autre, *Salviensis*. On estime qu'elle pouvait valoir six ou sept sols melgoriens. Le sol melgorien (sol d'usage à Melgueil ou Mauguio) valait huit sols tournois, et une livre melgorienne huit livres tournois.

Bernard Pelet, prince d'Anduze (dit le Vieux), mourut en 1029 ; Almérade et Bermond, son frère d'un autre lit, conjointement avec Garsinde, sa mère, veuve de Bernard, fondent le monastère de St-Pierre-de-Sauve, pour la rémission des péchés de Bernard, leur père et mari. Les principaux seigneurs de la province furent présens à cette fondation. Dans l'acte qui la constate, on voit Guillaume, comte de Toulouse ; Aton, vicomte de Nimes ; Frotaire, évêque de la même ville ; Bérenger et Eléazar de Sauve, frères ; Bermond de Sommières, (il parait que ce Bermond de Sommières était un fils, encore jeune, de Bermond de Sauve) ; Emenon de Sabran ; Etienne de Gaian ; Pierre d'Anduze (ce Pierre d'Anduze était le fils, encore jeune, d'Almérade, seigneur d'Anduze) ; Bernard, abbé ;

Pierre de Claret et Bernard du même château; Barnier; Frédelon; Giralds; Bernard; Alchier; Pierre; Pons et plusieurs autres seigneurs et nobles du pays dont on voit ici l'origine. (Voy. *Archives de l'abbaye de St-Guillem-le-Désert* et *Preuves de l'histoire du Languedoc*, tom. II, p. 182.) On croit que cette pièce, qui existe en original dans les archives de St-Guillem-le-Désert, est le plus ancien monument de la maison de Sabran, de Gaian et autres seigneurs.

En 1034, Garsinde, veuve de Bernard d'Anduze, donne conjointement avec tous ses enfans, savoir : Pierre et Guillaume de Béziers (enfans de son premier mariage), Bernard et Bermond de Sauve, fils de Bernard, son second mari, l'église et le village de Vairac ou du Palais, dans le pays d'Agde, à l'abbaye de Conques en Rouergue. (Voy. *Histoire du Languedoc*, tom. II. p. 168.)

On conjecture, d'après une contestation survenue cette année entre Bermond de Sauve et Pierre, vicomte de Béziers, frères utérins, au sujet du patronat sur les abbayes de St-Guillem-le-Désert et d'Aniane, auxquelles la maison d'Anduze avait fait beaucoup de donations, que ces abbayes étaient alors des fiefs mouvans des domaines des seigneurs séculiers et qu'ils avaient d'abord appartenu à Bernard d'Anduze, père de Bermond de Sauve. (Voy. *Histoire du Languedoc*, tom. II, p. 170.)

En 1042, Almérade, seigneur d'Anduze, et son frère, Bermond de Sauve, confirment à Gauffroy ou Geoffroy, abbé de St-Guillem-le-Désert, la cession de l'église de St-Pierre de Meyrois ou Meyrueis que Bermond lui avait faite l'année précédente. Le même Almérade, qui avait épousé Enaurs, cède avec elle, au même abbé de St-Guillem, la moitié d'un fief dans la paroisse de St-Martin. Almérade eut, de sa femme Enaurs, plusieurs enfans, Pierre et Bernard. Ce Bernard, II sans doute, vivait encore en 1037, comme on le voit dans un acte passé cette année. (Voy. *Preuves de l'histoire du Languedoc*, tom. II, p. 201.) Mais il devait être mort en 1052, d'après le testament d'Almérade, son père, daté de cette année, qui ne fait mention que de son fils Pierre qui fut son successeur. On voit par cette pièce toute l'étendue du domaine d'Almérade. Indépendamment du château et du territoire d'Anduze, ce seigneur possédait le château de Pierre-Male, dans le territoire d'Uzès, celui de Barres, dans les Cévennes, avec ses dépendances. (Voyez *Preuves de l'histoire du Languedoc*, TESTAMENT D'ALMÉRADE, tom. II, p. 219.)

Il parait qu'il ne survécut pas longtems à cette

époque ou à cet acte passé en 1037. Bermond de Sauve, son frère, qui avait épousé Astorge ou Austorge et fait un voyage de dévotion à Rome, mourut en 1054. Il fit promettre à sa femme, qui l'y avait accompagné, de donner au monastère de Sauve la portion qu'il avait de l'église et du village de Portes. Ce Bermond laissa trois enfans, Pierre, Bernard et une fille nommée *Bellissinde*. Pierre, le même qui prit le surnom de *Satrape* de Sauve, épousa Elizabeth, et Bernard, qui fut appelé encore Bernard-Bermond, *Adelaïs* ou *Adelaïde*, de la maison de Mandagout.

Pierre d'Anduze ou Pierre II, fils d'Almérade et qui lui avait succédé vers l'an 1053, mourut sans postérité en 1077. Mais la branche de Sauve, savoir : celle de Bernard-Bermond, conserva celle d'Anduze. Un de ses deux fils, savoir : *Pierre* de Sauve, eut le château de ce nom, et Bernard eut celui d'Anduze et succéda à Pierre II sous le nom de Bernard III ou de Bernard-Bermond, en 1077. Ce Bernard eut en partage, outre le château d'Anduze, ceux de Barres, de Peyremale, de Portes et une partie du Meyrueis, dont il fit hommage à son frère aîné, Pierre de Sauve. Ils avaient donné en 1074 et donnent en 1077, à l'abbaye de St-Guillem-le-désert, leur portion dans celle de Meyrueis.

On voit qu'ils prennent dans les actes passés à cette occasion, l'un, Bernard, le titre de marquis du château d'Anduze, qu'avait pris son grand père : *Ego Bernardus castri Andusanici marchio*. (V. *Cartulaire de l'abbaye de St-Guillem-le-Désert*, et *Histoire du Languedoc*, tom. II, p. 298.) l'autre, Pierre, celui de *Satrape de Sauve : Ego Petrus satrapa Salvensis*. (Voy. *Archives de St-Guillem-le-désert*, et *Preuves de l'histoire du Languedoc*, tom. II, p. 296.)

Bernard d'Anduze ne tarda pas à mourir, à ce qu'il paraît. Il avait épousé, comme on a dit, Adélaïde de Mandagout, dont il eut un fils nommé Raymond d'Anduze ou Raymond Ier du nom, qui lui succéda après sa mort. Celui-ci épousa Ermengarde, veuve de Guillaume III, seigneur de Montpellier (Voy. *Histoire du Languedoc*, tom. II, p. 235.), dont il eut plusieurs enfans.

En 1093, il fait, à l'exemple de son père, la cession à l'abbaye de St-Guillem-le-Désert de sa portion de l'église et du château de Meyrueis. (V. *ibid.*, *pr.*, p. 298.)

L'histoire fait mention, à l'époque de 1099, d'un Raymond Pelet qui se distingua dans les croisades et qui prit, cette année, avec le vicomte de Turenne, sur les infidèles, la ville de Tortose, située sur la

Méditerranée. Ce Raymond Pelet n'avait rien de commun avec Raymond d'Anduze; c'était un comte de Melgueil qui partageait la seigneurie du château d'Alest, depuis Alais (il paraît que le château d'Alest ou d'Alais ne fut ainsi nommé dans son origine que parce qu'il était à l'est de celui d'Anduze dont il dépendait), avec les seigneurs d'Anduze.

Du mariage contracté par celui-ci (Raymond d'Anduze) avec Ermengarde, veuve de Guillaume III, seigneur de Montpellier, naquirent deux enfans, Bernard d'Anduze ou Bernard IV du nom, et Pierre. Bernard, fils aîné, succède à son père; Pierre embrasse, en 1112, le nouvel institut des hospitaliers de Jérusalem. (Voy. *Histoire du Languedoc*, tom. II, p. 362.) Cette filiation, qui est juste, donne la raison pourquoi Guillaume V, seigneur de Montpellier, et fils de la même Ermengarde, donne le titre de frère à Bernard d'Anduze, comme on peut le voir dans le testament qu'il fit en 1114, avant de partir pour la Terre-Sainte. Ils étaient en effet frères utérins, c'est-à-dire fils l'un et l'autre d'Ermengarde. (Voy. *Testament de Guillaume V, seigneur de Montpellier*, et *Preuves de l'histoire du Languedoc*, tom. II, p. 391.)

Par le même testament, on voit que Bernard IV

avait à cette époque plusieurs enfans. (*Dono Bernardo de Andusiâ et infantibus suis castellum d'Omelas... Ibid.*) Mais ce Bernard ne pouvait pas avoir alors plus de quarante-quatre ans, et, par conséquent, ses enfans étaient encore jeunes. C'est le même Bernard qui épousa, selon toute apparence, en premières noces, *Sybille*, dont il eut plusieurs enfans qui s'en disaient issus, et en secondes, *Marie*.

En 1118, Bernard d'Anduze partageait la seigneurie d'Alest avec Raymond Pelet. Alors Alais n'était qu'un très-petit bourg. Le séjour que le pape Pélage, obligé de sortir de ses états, y fit cette année, et la lettre qu'il écrivit de ce lieu aux habitans de Sarragosse, en Espagne, firent connaître cet endroit, avantageusement situé et qui est devenu depuis une ville épiscopale.

Bernard (le même), en 1119, présida un plaid tenu à Montpellier au sujet d'une contestation survenue entre Bernard, Raymond de Castelnau et l'abbé de Gellonne, c'est-à-dire de St-Guillem-le-Désert. (Voy. *Cartulaire de l'abbaye de St-Guillem*, et *Preuves de l'histoire du Languedoc*, tom. II, p. 410.)

Ce Bernard paraît avoir joui de la plus grande considération. En 1125, il se trouve présent à un traité de paix fait entre Alphonse Jourdain, comte de Toulouse, et Raymond Bérenger, comte de Barcelonne. Le quatrième article porte que Bernard d'Anduze tiendra en fief Beaucaire et la terre d'Argence, tenues précédemment par Aimery, vicomte de Narbonne. La maison d'Anduze avait acquis ce pays par une alliance avec la maison des vicomtes de Narbonne qui les tenait en fief des comtes de Toulouse.

En 1128, le même Bernard assiste au mariage de Guillaume VI, seigneur de Montpellier, et se trouve présent au traité de paix entre Bernard, vicomte de Melgueil, et Guillaume VI, seigneur de Montpellier.

En 1132, dans le traité fait entre Alphonse Jourdain, comte de Toulouse, et Guillaume, seigneur de Montpellier, le premier s'engage à le protéger envers et contre tous, excepté contre Bernard d'Anduze et Bernard Aton, vicomte de Toulouse. Il paraît que ce Bernard, qui illustra si fort la maison d'Anduze, ne survécut pas longtems à cette époque, où il pouvait avoir environ soixante ans.

Plusieurs circonstances portent à croire qu'il eut deux femmes et une famille nombreuse. Deux de ses enfans se disent fils de Sybille, et un autre, fils de Marie. On ne sait avec quelles familles il s'allia, mais il est à croire, par la considération dont il jouit, qu'il contracta des alliances avec les premières maisons du Languedoc. L'acquisition de Beaucaire et de la terre d'Argence, qu'il tint en fief et qu'il obtint par une alliance avec la maison de Narbonne, donne lieu de croire qu'une de ses femmes, peut-être Sybille, était de cette maison, et que Marie était de celle de Montpellier ou de Béziers. Quoiqu'il en soit, de Sybille naquirent deux enfans, Bernard-Bermond et Pierre; et de Marie survint Bernard, qui fut surnommé ensuite Bernard *l'Ancien* ou *le Vieux*, *senior* (1), en 1160; ce qui semble annoncer au moins un sexagénaire, et prouver en quelque sorte que Marie, dont il était fils, fut la première femme de Bernard IV, son père, lequel l'épousa vers la fin du douzième siècle.

Comme il y avait deux fils du nom de *Bernard*, l'un fut ensuite surnommé *Bermond*, et l'autre

(1) Le mot de *senior* qui signifie également ancien et seigneur, rendu de la première manière a pu causer une équivoque sur ce surnom, comme on le voit dans *Baluze* et dans *Gallia christiana* où l'on lit: *Bernardi de Andusiâ senioris;* ce qui peut être rendu également par Bernard, seigneur d'Anduze, et par Bernard d'Anduze, dit le *Vieux* ou l'aîné, ce qui est plus probable. Cette uniformité de surnoms de Bernard a donné encore lieu à ce défaut d'accord entre les historiens, les uns prétendant que Bernard, dit l'Ancien, était le IVme du nom, d'autres le Vme, et enfin d'autres le VIme.

Bernard l'*Ancien*, parce qu'il survécut et devint très-vieux. Mais il paraît que Bernard-Bermond fut Bernard V du nom, et son frère Bernard VI, puisque ce Bernard VI ou l'*Ancien* est celui qui avait épousé Adélaïde de Roquefeuil. On trouve encore un Armand d'Anduze dans ce même siècle, suivant M. l'Abbé de Sauvages. (*Dict. Lang.*, n. ad., p., 217. *Armandus de Andusa*).

De ces trois enfans, l'un, Bernard VI du nom, épousa Adélaïde de Roquefeuil, héritière de cette maison; l'autre, Bernard-Bermond, épousa Ermengarde, cette illustre veuve et vicomtesse de Narbonne, qui se fit une si belle réputation par son courage et son esprit; et le troisième, Pierre, d'abord abbé de Saint-Gilles, devint archevêque de Narbonne, en 1151. Bernard l'*Ancien*, ou Bernard VI, occupa la maison d'Anduze, et Bernard-Bermond se retira à Narbonne avec Ermengarde, qui y conserva toujours son nom et son titre de vicomtesse, comme on le voit par plusieurs actes. Baluze, en parlant de Pierre, archevêque de Narbonne, dit qu'il était issu de la très-noble famille d'Anduze, *nobilissimâ gente de Andusiâ genitum Petrum*.

Bernard l'*Ancien* ou Bernard VI soutint faiblement, à ce qu'il paraît, la réputation de ses ancêtres; il finit par embrasser l'état monastique. En 1156, il asssista, avec son fils Bernard VII, à une exemption que le vicomte Trencavel accorda aux religieux de Salvanez. (*Hist. du Lang.*, t. II, p. 479.) En 1162, il possédait la baronnie de Luc et la seigneurie de Portes, sous la mouvance du monastère de Sauve. (*Hist. du L.*, t. II, p. 507.) Bernard-Bermond, frère de Bernard le *Vieux*, qui avait épousé Ermengarde, vivait à Narbonne avec elle. Dans divers actes passés dans cette ville, surtout en 1159, et qu'elle a souscrits, on trouve qu'il est dit : « En présence d'Ermengarde, vicomtesse de Narbonne, et de son maître Bermond ou Bremond, *in presentiâ Ermengardis vicecomitissæ Narbonensis et magistri ejus Bremundi, etc.* (Voy. *Preuves de l'Hist. de Lang.*, t. II, p. 573.) Malgré tout le crédit dont elle jouissait, elle donnait cette marque de déférence à Bernard-Bermond, son mari.

Cette vicomtesse, fille d'Aimery II, dernier vicomte de Narbonne, de sa race, s'était trouvée plusieurs fois en personne à la tête de ses troupes, à différens sièges, surtout à celui de Tortose, en Espagne. Elle avait disputé ses droits et ses domaines, les armes à la main, à Alphonse, comte de Toulouse. Elle se rendit redoutable à ses ennemis par son courage, et recommandable par sa justice et par les services qu'elle rendit elle-même à la tête de ses troupes, au pape Alexandre III, lorsque ce pontife vint en Languedoc en 1162, et enfin par la protection qu'elle accorda aux gens de lettres, qui étaient alors les troubadours ou poètes provençaux. On a plusieurs lettres de cette illustre vicomtesse, adressées au roi Louis-le-Jeune, qui fut amoureux de sa célébrité, et qui ne lui refusait rien. Il existe une lettre de ce roi de 1163, qui mérite d'être rapportée. Ermengarde lui avait demandé la permission de rendre elle-même la justice à ses vassaux, droit qu'on lui disputait; voici la réponse du roi :

« Louis, par la grâce de Dieu, roi des Français, » à sa très-chère illustre dame Ermengarde de » Narbonne, salut.

» Vous nous apprenez par l'abbé de St-Paul » et Pierre Raymond, vos envoyés, qu'on décide » chez vous les procès conformément aux lois des » empereurs, qui défendent aux femmes de ren- » dre la justice. La coutume de notre royaume » est beaucoup plus indulgente, elle permet aux » femmes de succéder au défaut des mâles, et » d'administrer elles-mêmes leurs biens. Souvenez- » vous donc que vous êtes de notre royaume, et

» que nous voulons que vous en suiviez les » maximes : car quoique vous soyez voisine de » l'empire, vous ne devez pas suivre ses lois et ses » usages sur cet article. Rendez donc vous-même » la justice et examinez les choses avec attention. » Employez le zèle de celui qui, pouvant vous » créer homme, ne vous a créée que femme, et » qui par sa bonté a mis dans vos mains le gou- » vernement de la province de Narbonne. Quoique » vous ne soyez qu'une femme, nous ordonnons » par notre autorité, qu'il ne soit permis à per- » sonne de décliner votre juridiction. »

Cette femme illustre, profitant des grandes qualités que la nature lui avait données, continua à rendre la justice et à gouverner sagement une province qu'elle avait su défendre par ses armes; il y a apparence que Bernard-Bermond, son mari, était mort à l'époque de 1163, puisqu'elle avait recours à l'autorité pour rendre la justice elle-même.

Bernard d'Anduze ou Bernard VI, que nous avons laissé, partageait, en 1164, avec Bernard Pelet, comte de Melgueil, la seigneurie d'Alais. Ces seigneurs, ayant établi l'un et l'autre un droit de péage du côté d'Alais, sur les plaintes faites au roi par plusieurs seigneurs de la province, le monarque leur défendit de le lever. Bernard d'Anduze se conforma à ces ordres; mais Bernard Pelet encourut tout le courroux du roi, et surtout du pape Alexandre III, alors à Sens, et qu'on fit intervenir. Bernard d'Anduze, que les troubadours de ce tems, *Gaucelin Faidits* (1) et *Pons Capducil*, qualifient d'honnête baron de la Marche de Provence, renonça pour toujours à cette exaction et prit, peu de tems après, l'habit monastique, et mourut en 1165.

Bernard VI avait eu trois enfans d'Adélaïde de Roquefeuil : Frédol, Bermond et Bernard. Frédol, abbé de St-Victor de Marseille, devint évêque de Fréjus, en 1164; Bermond, chanoine de Maguelone, devint évêque de Sisteron en 1174, et Bernard fut l'héritier de sa maison, sous le nom de Bernard VII.

Il paraît que Bernard le *Vieux* ou Bernard VI s'était marié deux fois, et qu'il eut un quatrième enfant de sa seconde femme, nommé Pierre, encore jeune lorsqu'il mourut, puisqu'il le mit sous la tutelle de Guillaume de Montpellier, son

(1) Ce Gaucelin Faidits était natif d'Uzerche, en Limousin; en parlant de sa femme, il dit qu'elle était née dans un bourg fort riche appelé Alest, dans la Marche de Provence, et de la seigneurie de Bernard d'Anduze. (*Hist. du Lang.*, t. II, p. 158.)

proche parent et son ancien ami. Il le recommanda encore au roi Louis VII, par une lettre qu'il lui écrivit peu de tems avant sa mort. Il fallait que Bernard son fils, celui qui l'avait accompagné en 1156, pour être présent à l'exemption que Trencavel avait accordée aux religieux de Salvanez, lui eût déjà succédé sous le nom de Bernard VII, puisque dans sa lettre au roi et à Guillaume de Montpellier, il n'est question que de Pierre Bernard, encore jeune; il y a lieu de croire que ce Bernard le *Vieux* éprouva quelques désagrémens de la part de sa famille, à cause d'un second mariage contracté sur la fin de ses jours, et dont il eut ce Pierre Bernard. Il dût avoir une nombreuse postérité, car on trouve un Raymond (1), fils de Bertrand d'Anduze, qui épousa, en 1169, la fille de Guillaume VII, seigneur de Montpellier. Le contrat de mariage fut passé dans cette ville dans la maison des chevaliers du Temple, en présence de Jean, évêque de Maguelone. (Voy. *Hist. du Lang.*, t. II, p. 616). Du reste ce fait a été discuté et contesté.

(1) Nous mettons ici ce Raymond à l'époque de 1169, sur la foi des auteurs de l'*Histoire du Languedoc*, car suivant les autres ce mariage est daté de 1109. A cette époque on ne pourrait le rapporter qu'à Raymond Ier, fils de Bernard, qui avait épousé Ermengarde, veuve de Guillaume III, seigneur de Montpellier.

En 1171, Pierre Bermond occupait la maison de Sauve; il avait épousé Ermessinde, fille de Béatrix, comtesse de Melgueil. Après sa mort, sa veuve épousa le jeune Raymond, fils du comte de Toulouse, et c'est par ce mariage, que le comté de Melgueil passa dans la maison des comtes de Toulouse.

Bernard VII, fils d'Adélaïde de Roquefeuil et de Bernard le *Vieux*, occupait, en 1174, la maison d'Anduze qui était très-florissante. Il avait pour femme Vienne ou Vierne, qui paraît être de la maison de Melgueil. Le roi d'Arragon ayant fait la paix avec Raymond, comte de Toulouse, cette paix fut ratifiée dans une assemblée ou cour plénière, tenue à Beaucaire en 1174, et à laquelle assistèrent plusieurs seigneurs et évêques de la province, parmi lesquels était Bernard d'Anduze. (V. *Manuscrits* d'*Aubays*.) Ce Bernard d'Anduze avait un grand sceau pour sceller ses actes ou chartes. Ce seigneur y est représenté à cheval, des deux côtés, savoir : dans le sceau, le casque en tête et l'épée à la main, et au revers ou dans le contre-scel, donnant du cor de chasse et ayant deux chiens qui le suivent. Autour du sceau on lit : SIGILLVM BERNARDI DE ANDVSIA, et au revers pour légende : OTIVM ou GAVDIVM. (Ce mot manque dans le sceau qui a été trouvé.) BERNARDI DE ANDVSIA. (*Hist. du Lang.*, t. VI.)

Il paraît que c'est le même Bernard ou un fils du même nom qui fit, en 1183, un acte d'union ou de confédération avec la maison de Sommières. (V. *Gallia chris.*, t. VI, p. 464.) La maison d'Aubays est en possession de cet acte. En 1199, le même Bernard VII avait un fils nommé Pierre Bernard, qu'il avait eu de Vierne. Ils prêtent ensemble foi et hommage à Guillaume, évêque d'Uzès, pour les châteaux de St-Ambroix, de Montalet, de Génolhac, etc.

En 1209, ils assistent, comme vassaux du comte de Toulouse, à une assemblée tenue cette année à l'abbaye de St-Gilles, où Milon, légat du pape, fait soumettre ce comte de Toulouse, Raymond, aux ordres du St-Siège, et où il le fouette de verges en présence de seize barons, ses vassaux, parmi lesquels étaient Guillaume de Baux, prince d'Orange, Bernard d'Anduze et Pierre Bermond, son fils, etc. Cette assemblée eut lieu pour lever l'excommunication dont ce si faible comte avait été chargé.

En 1212, le pape Honorius décide une contestation élevée entre Pierre Bermond, fils de noble Bernard VII d'Anduze, d'une part, et les héritiers de Vierne, ci-devant épouse de ce Bernard, de l'autre, au sujet du village d'Alest, *super villa Alest.* (*Gallia chris.*, t. VI). Ce Pierre Bermond eut en partage la maison de Sauve, et fut le sixième de ce nom dans ce château. Il confirme, cette même année, le don fait, trente ans auparavant, de treize métairies à l'abbaye de Bonneval en Rouergue. (*Hist. du Lang.*, t. III.)

Bernard VII, seigneur d'Anduze, meurt en 1223; il laisse de sa femme Vierne deux fils, Pierre Bermond l'aîné, qui eut en partage les seigneuries de Sauve, de Sommières et une partie de celle d'Alais et de l'Argentière, et Bernard VIII qui soutint la branche d'Anduze. Celui-ci eut la seigneurie de Portes et une partie de celle d'Alais.

A cette époque, 1223, il est fait mention d'un moine de l'abbaye de Mazan, nommé Bernard d'Anduze, soit que ce fut Bernard VIII lui-même qui s'était retiré dans un monastère où il mourut, comme son père, ou un autre fils, du même nom, de Bernard VII. Ce qui rend la première conjecture probable, c'est que Pierre Bermond, frère de ce Bernard, et qui occupait la maison de Sauve, est qualifié, en 1226, de seigneur d'Anduze et de Sommières, et fait hommage en cette qualité de toutes ses terres à Louis VIII, roi de France.

Ce Bermond, ou Bremond, assista au siège et à

la prise de Béziers (*Hist. des Albigeois*, par Chassamon), et se soumit au roi avec la ville d'Anduze. (V. *H. des Comtes de Toulouse*, p. 328.) Par cette cession il renonça à la seigneurie d'Anduze, d'Alais, d'Arles et de Sommières. Il avait épousé la fille aînée du vieux Raymond, comte de Toulouse, lorsque ce comte, qui avait embrassé le parti des Albigeois, fut dépouillé de ses domaines. Il disait que sa femme n'ayant point embrassé ce parti, ses enfans ne devaient point être punis des fautes de leur père. (*Descrip. l. de la France*, par Longuerues.) Cette prétention cessa lors de la réconciliation du comte de Toulouse avec le pape et le roi; mais elle aurait dû s'évanouir par le mariage de Jeanne, autre fille et l'héritière du comte de Toulouse, avec Alphonse, frère du roi et fils de Louis VIII. Ce Pierre Bermond d'Anduze, par son mariage avec la fille aînée de Raymond, se trouvait allié avec la maison royale, puisqu'il était beau-frère d'Alphonse, frère du roi St Louis.

En 1238, Pierre Bermond de Sauve et d'Anduze et Raymond Pelet partageaient la seigneurie d'Alais. Ils conviennent que le plus ancien d'entr'eux ou de leurs héritiers aurait la préséance sur l'autre dans cette ville. En 1242, Raymond VII, comte de Toulouse, qui, en 1228, s'était laissé dépouiller de ses domaines et fouetter à St-Gilles, malgré le mariage de sa fille Jeanne avec Alphonse, frère du roi, se repentait des traités qu'il avait faits, et cherchait à améliorer son sort. Il était réduit à quelques petites terres. Par le contrat de mariage entre Alphonse, frère du roi, et sa fille, il était dit que, s'il ne survenait pas d'enfans de ce mariage, ce qui arriva, tous ses biens appartiendraient à la maison royale. Peu satisfait de cette perspective, il fait en 1242, de concert avec le roi d'Arragon qui était venu à Montpellier, avec le comte de Provence, et vraisemblablement avec ce Pierre Bermond d'Anduze et de Sauve, une ligue contre le roi; ce qui attira à ce Pierre Bermond l'expoliation, par le roi St Louis, de ses maisons d'Anduze, de Sauve, de Sommières et de sa portion de celle d'Alais. D'autres prétendent qu'il céda de son gré toutes ses terres au roi, et que le monarque, pour le dédommager, lui donna 600 liv. de rentes sur la baronnie d'Hyerle, et sur le château de Roquedu, pour le tenir en hommage-lige. Ce pays, que ses ancêtres avaient possédé était composé de plusieurs châteaux et villages situés dans les Cévennes, sur les frontières des diocèses de Lodève, de Nimes et de Mende. Le roi s'y réserva le droit de chevauchée, le château de Meyrucis, et la liberté de faire détruire tout ce qu'il voudrait à Roquedu, avec défense à Bermond de faire aucune fortification sans sa permission, et d'entrer, lui ou ses héritiers, dans les châteaux d'Anduze, d'Alais, de Sauve ou de Sommières, que le roi réunit ainsi au domaine de la couronne, à l'exception d'Alais, dont il n'y eut que la moitié, l'autre appartenant à Raymond Pelet.

Sur les instances de Pierre Bermond, St Louis, par une charte datée du camp de Joppé, en 1252, mande à l'archevêque de Bourges, aux évêques de Paris, de Senlis et autres, de rendre à ce seigneur les domaines qui lui avaient appertenu et dont il demandait la restitution.

Il paraît que malgré ses instances et cette charte, ses terres ne lui furent pas rendues, et ce seigneur mourut sans les avoir, en 1254. Il laissa pour héritier Guillaume, qui conserva le nom de Guillaume d'Anduze. Celui-ci renouvela les mêmes instances auprès du roi St Louis, à l'effet de recouvrer les domaines de ses pères. On trouve dans l'histoire que le fils aîné de St Louis ordonna, la même année, en 1254, au sénéchal de Beaucaire, de lui rendre la terre d'Hyerle, ce qui suppose que son père ou lui en avaient été privés, ou qu'il demandait la restitution de tous les droits seigneuriaux. Il y a lieu de croire qu'il obtint une partie de ce qu'il demandait, c'est-à-dire la baronnie d'Hyerle. Les rejetons de la maison d'Anduze et de Sauve, qui prit, depuis, le nom de celle de Bremond ou Bermond, étaient dispersés; il paraît encore que Pierre Bermond, père de Guillaume, avait eu plusieurs enfans, puisqu'on lit qu'en 1257 il y avait un Bermond d'Anduze, abbé d'un abbaye du diocèse d'Agde (*Gallia chris.*, t. VI, page 715), et qu'en 1262, il y avait un Beraud d'Anduze, qui était évêque (*Ibid*, p. 77.), sans compter Guillaume, l'héritier de Pierre Bermond, et une fille nommée Philippe ou Philippine, qui épousa Almaric, vicomte de Narbonne.

En 1259, Guillaume d'Anduze et Philippine, sa sœur, qui prétendaient avoir hérité de Raymond VII, dernier comte de Toulouse, leur oncle, puisque leur mère était sa sœur, firent donation entre vifs, en faveur d'Aimery, fils d'Almaric, vicomte de Narbonne, de la seigneurie de Tripoli, en Syrie.

En 1270, la fille du comte de Toulouse, qui avait épousé Alphonse, frère du roi, mourut sans enfans, et Philippe-le-Hardi, en vertu du traité de 1228, prit possession de toutes les seigneuries qui avaient appartenu à la maison des comtes de Toulouse, laquelle se trouva entièrement éteinte par la mort de Raymond VII.

Malgré la réunion des biens ou seigneuries de la maison d'Anduze au domaine de la couronne, les rejetons de cette maison en portaient toujours le titre, c'est-à-dire le surnom ou nom d'Anduze. Il y en avait un, en 1294, nommé Roger d'Anduze, qui possédait de grands biens dans le Vivarais. Il conclut, cette année, avec Robert, duc de Bourgogne, nommé par Philippe-le-Bel, pour commander dans la sénéchaussée de Beaucaire, lorsqu'Edouard, roi d'Angleterre, déclara la guerre à Philippe-le-Bel, un traité par lequel il s'engage de remettre au roi, pendant un certain tems, son château de la Voulte (ce château de la Voulte appartenait, en 1622, au duc de Ventadour. C'était, suivant M. de Rohan, une place faible. Ce château est près de Privas, en Vivarais). Ce traité fut fait au Puy-en-Velay en 1294. La maison royale occupe la terre d'Anduze pendant quatre-vingt-un ans, c'est-à-dire, depuis 1226 jusqu'en 1307. Mais à cette époque, Philippe-le-Bel y appelle au pariage Jean de Cumenis, évêque du Puy, et ses successeurs, c'est-à-dire, cède à cet évêque la moitié de la seigneurie d'Anduze, en échange de la moitié de celle du Puy, et s'y réserve la supériorité du ressort. Ce fut l'autre moitié qui fut cédée ensuite à Humbert, dauphin de Viennois. D'autres prétendent que Philippe-le-Bel, pour dédommager l'évêque du Puy, de la moitié de cette ville que ce prélat lui avait cédée, lui assigna 400 liv. tournois de rentes sur la ville et territoire d'Anduze, et que cette albergue ou redevance subsiste toujours. Mais cette assertion est sans fondement comme on le verra.

Malgré l'expoliation ou la cession de la terre et seigneurie d'Anduze, il paraît que la maison de Bermond, jalouse d'avoir des possessions dans une ville qui avait été le berceau de ses ancêtres, chercha à y faire des acquisitions et obtint la jouissance du château dit depuis *Château de Bourbon* et de son domaine, puisqu'en 1320 Bermond de Sauve, dit de Bourbon, possédait ce château qui est un arrière-fief de la terre d'Anduze. Il est encore vraisemblable que c'est d'un Bourbon l'Archambaud ou plutôt d'un des descendans de Robert, comte de Clermont, fils de St Louis et père de Louis Ier, duc de Bourbon, enfin d'un vrai Bourbon que ce château, qu'il avait eu en propre ou fait construire, prit son nom. Il est d'une architecture gothique et à peu près telle qu'elle était en usage alors. Il n'y a aucune raison de croire que ce petit domaine ait été un démembrement de la terre d'Anduze, quoiqu'il en soit un arrière-fief.

Ce fut cette même année que la ville d'Anduze fit construire la Tour-Ronde, dite la *Tour-de-l'Horloge*, sans doute pour se mettre à couvert des violences d'une sorte de brigands appelés *paysans* et *pastoureaux*, qui, sous prétexte d'exterminer les juifs, par un beau zèle de religion, couraient, dans les provinces, surtout dans l'Aquitaine et le Languedoc, où ils commettaient toutes sortes d'excès. Cette tour fut donnée à construire à Pierre Imbert et à Guillaume le Chandelier, maçons, pour la somme de 320 livres d'or. Le traité, qui est en date du mois d'avril de cette année et en latin, existe. C'est la plus ancienne fortification de la partie basse de la ville d'Anduze; et vraisemblablement c'est à la même époque qu'elle fut revêtue de murs. Cette tour sert aujourd'hui pour l'horloge de la ville.

En 1344, Humbert, dauphin de Viennois, ayant cédé à la couronne de France le Dauphiné, une des conditions du traité fut qu'on lui céderait la baronnie de Portes, avec les villes et châteaux d'Anduze et Andusenque, d'Alais, et quelques villages des environs. Le duc de Normandie, fils du roi, les lui assigna cette année, en 1344, par une assise du 1er juin, dite la Philippine (du nom du roi Philippe de Valois). Humbert vendit bientôt après tous ses domaines, par acte du 23 juillet 1345, à Guillaume Roger ou Rogier, vicomte de Beaufort, frère du pape Clément VI, pour la somme de soixante-deux mille florins d'or (Anduze contenait alors mille cent vingt-neuf feux et plus de 6000 habitans). Le roi proposa à Roger d'ériger, en sa faveur et à son choix, une de ses seigneuries en comté; Beaufort choisit celle d'Alais qui est, pour cette raison, la première comté ou baronnie de la province, et le titulaire le premier baron des Etats de la province de Languedoc.

L'année 1346 fut l'époque où l'on fit usage du canon et où l'on commença à fortifier les places, surtout celles du Bas-Languedoc, où l'on craignait une descente des Anglais, par la Méditerranée, principalement par Aiguemortes, dont le commandant leur était vendu et leur devait livrer le port. La ville d'Anduze, qui avait quelques fortifications, ses portes et la Tour-Ronde, ou de l'Horloge, se fortifia sans doute de nouveau. Il est fait mention de ces anciennes fortifications dans le traité de paix de 1629, entre Louis XIII et le duc de Rohan, et il y a apparence que ce fut alors que furent construits la Tour-de-Pezènes, les murs et les portes de la ville, où il y avait des créneaux, des meurtrières et des canonnières.

En 1347, ce même Roger, comte ou vicomte de Beaufort, était seigneur d'Anduze. Philippe de Valois lui accorde les mêmes privilèges qui avaient été accordés à Humbert, dauphin de Viennois, surtout le droit des premières appellations et d'avoir un juge d'appeaux. Ces privilèges lui furent encore confirmés, en 1350, par le nouveau roi.

Cette même année, Archambaud, dit de Sauve de Bourbon, jouissait en propriété du château de Bourbon, d'Anduze. Il laisse une fille nommée Hermensinde de Bourbon.

Guillaume Roger, comte de Beaufort, seigneur d'Anduze, mourut en 1383 ou 1385.

Guillaume Roger II, son fils, lui succède la même année, et meurt en 1394. Son fils Raymond, dit Louis Roger de Beaufort, vicomte de Turenne, lui succède en 1399; il fait son testament en faveur d'Antoinette de Beaufort, sa fille unique. Il prend le titre de comte d'Alais. Ce Raymond Roger de Beaufort était très-puissant; il faisait la guerre aux environs du Rhône avec Louis II, roi de Sicile.

Hermensinde, fille d'Archambaud de Sauve, dit de Bourbon, occupe à Anduze le château de ce nom. Elle se marie, en 1400, avec Guillaume de La Rivière. Ce château passe dans la maison de Saurin de St-André, ensuite dans celle des barons de La Fare et de Salendrenque.

Antoinette de Beaufort, qui avait succédé, dans la seigneurie ou marquisat d'Anduze et le comté d'Alais, au vicomte de Turenne, son père, en 1409, jouit conjointement avec Jean le Maingre, maréchal de Boucicquaut, qu'elle venait d'épouser la même année (1). Elle meurt sans postérité en 1416, au château d'Alais. Par cette mort, le château d'Anduze passe à la branche de Beaufort de Canillac, et Louis de Beaufort, marquis de Canillac, fils de Marquès de Beaufort et petit-fils de Guillaume Roger Ier, succède à Antoinette dans la baronnie d'Anduze et le comté d'Alais. Ce Marquès de Beaufort, marquis de Canillac, baron d'Anduze et comte d'Alais, meurt en 1455.

Charles de Beaufort, son fils, lui succède, la même année, et meurt en 1494.

Jacques de Beaufort, frère de Charles de même nom, lui succède en 1494 dans le marquisat d'Anduze et meurt en 1513.

On croit que Jacques de Montboissier, neveu de Jacques de Beaufort, marquis de Canillac, lui

(1) Ce maréchal de Boucicquaut est le même qui fut fait prisonnier de guerre en 1396, avec plusieurs seigneurs français, au siége de Nicopolis, par Bajazet Ier, et qui fut demandé pour être gouverneur de la république de Gênes en 1402. Après plusieurs exploits militaires et s'être couvert de gloire, il repassa en France, où il épousa cette riche héritière.

succéda dans la moitié de la seigneurie d'Anduze. (On assure que c'est de ce Jacques de Montboissier que descendent les trois branches de la maison de ce nom.)

En 1539, l'évêque du Puy, qui était sans doute un Beaufort, aliéna à Jean et Nicolas d'Airebaudouze frères, la moitié de la terre d'Anduze, par acte du 5 juillet 1539. Les Airebaudouze sont qualifiés de nobles dans cet acte. En 1547, la maison de Beaufort occupait encore la seigneurie d'Anduze ou une partie. Il paraît que ce fut Marc de Beaufort, comte d'Alais, qui fit construire ou réparer l'ancien château d'Anduze dont on voit encore les vestiges à quelque distance de Beauregard, qui a servi long-tems de prison. Ce fut en 1547 que ce même Marc de Beaufort, comte d'Alais, vendit, par acte reçu Deleuze, notaire, le 24 juin 1547, la moitié d'Anduze, à ces mêmes Jean et Nicolas d'Airebaudouze frères, qui avaient déjà acquis l'autre moitié de l'évêque du Puy, en 1539; de sorte qu'à cette époque les Airebaudouze devinrent seigneurs de toute la terre d'Anduze.

En 1553, un de ces Airebaudouze fait son testament en faveur d'Urbain d'Airebaudouze, qui lui succède peu de tems après.

En 1567, la maison de La Farelle d'Anduze fait

l'acquisition du château de Bourbon, des maisons de La Fare et de Salendrenque, qui l'avaient acquis de celle de Saûrin de St-André. Il paraît que, de la maison de La Farelle, ce château passa dans celle de Coutin qui en jouissait encore en 1729.

En 1579, il se tint une grande assemblée des églises protestantes du Bas-Languedoc à Anduze. Jean du Castel, seigneur de Montvaillant, et Nicolas de Calvières président cette assemblée. Elle écrit aux Etats de la province assemblés alors à Carcassonne, et dresse des articles fort sages pour empêcher ou prévenir les desseins de ceux qui animaient le feu des guerres de religion, fait serment d'observer l'édit de pacification, etc., etc. Cette pièce ne tendait qu'à apaiser les esprits. On y remarque surtout l'attachement qu'avaient les églises protestantes pour la maison de Bourbon. On ignore ce qui se passa à Anduze durant les troubles qui déchirèrent le royaume vers la fin du XVIe siècle; mais l'édit de Nantes, publié en 1598, donne lieu de croire que le temple des protestans, dont une partie sert aujourd'hui de clocher à l'église St-Etienne, fut construit à peu près vers ce tems ou du moins servit aux exercices libres de la religion réformée. La maison d'Airebaudouze occupait toujours le château d'Anduze en 1600.

Après la mort de Henri IV, survenue en 1610, plusieurs princes mécontens se retirent de la cour, entr'autres le prince de Condé et le duc de Rohan. Louis XIII ayant voulu établir la religion romaine dans tout le Béarn, il y eut un soulèvement dans cette province, et le prince, duc de Rohan, se mit à la tête du parti protestant. Alors toutes les églises protestantes du royaume étaient distribuées en huit cercles et en seize provinces subdivisées en *colloques*. Par le dénombrement qui fut fait de ces églises en 1620, il y en avait sept cent soixante en France, et sur ce nombre cent cinquante dans le Languedoc. Chaque cercle avait son conseil qu'on appelait *conseil du cercle*, lequel dirigeait plus ou moins de ces provinces d'églises, et ces provinces plus ou moins de colloques. Le Languedoc seul en contenait cinq, pour lesquelles il y avait un conseil à Nimes, composé de trois gentilshommes, de sept ministres de la religion et de trois avocats. Les Cévennes formaient une province et ses églises étaient partagées en trois colloques, savoir : celui d'Anduze, celui de Sauve et celui de St-Germain. Anduze, par sa position et ses fortifications, devenait une des principales places de sûreté. Elle fut fortifiée de nouveau. Suivant les mémoires de M. de Rohan, cette ville était l'entrepôt de l'artillerie et du gros canon (1). Ce duc allait s'y rafraîchir souvent. On construisit à cette époque le nouveau château d'Anduze, dont les deux tours protégeaient deux portes de la ville. C'est surtout en 1620 que les principaux travaux furent entrepris ; il y avait de plus, près de la porte du faubourg du pont, une autre fortification en bastide avec sa courtine qui conserve encore son nom et des fossés. Depuis la montagne de Pierremale (au haut de laquelle il y avait une redoute du côté d'Alais) jusqu'au Gardon, sur le chemin d'Alais, régnait une fortification composée de redans, au nombre de quatre. A cent toises au-dessous du pont, il y avait encore une redoute pour commander le chemin de Gaujac et le lit de la rivière. Les murs de la ville, au nord-est, s'é-

(1) La découverte récente qu'on vient de faire en 1793, dans la maison de mon père, semble prouver ce que la tradition nous apprenait que cette maison avait servi de quartier-général, du tems des guerres du duc de Rohan. On y a trouvé, en creusant pour une cave, vingt-six quintaux de boulets de fer du poids de quatre livres, et près de trois quintaux de boulets de douze et de seize livres, parmi lesquels il y en avait un de cuivre. Cette note m'a été communiquée par le savant et très-vénérable M. Blachon, ministre protestant de cette ville, en 1808, et président du consistoire. Je me rappelle que le hasard avait fait découvrir deux ou trois de ces boulets avant cette époque, qu'on roulait dans ces caves.

tendaient depuis le sommet de la montagne Saint-Julien jusqu'à la Porte-du-Pas; depuis cette porte et tout le long de la rivière jusqu'à la Tour-de-l'Horloge, régnait une file de maisons et un rempart ou boulevard nommé l'Allée, qui formait un quai à la ville depuis le pont jusqu'à la Tour-de-l'Horloge où il se termine en angle droit et servait de flanc à un ouvrage à couronne qui s'avançait du côté du Midi dans la plaine et qui, joint à un autre ouvrage à cornes dont il était couvert, s'étendait à environ cent trente toises dans la plaine et occupait l'espace où sont les jardins de MM. Olivier, Vidal, jusqu'au Jardin des Pauvres.

Il y avait à l'ouvrage à cornes une pièce d'artillerie de dix livres de balle et qu'on appelle *Pélican*, d'où vient le nom de *Pélico* donné à la ruelle ou traverse construite depuis et qu'on appelle encore traverse de *Pélico*. L'ouvrage à couronne, composé d'un bastion et de deux demi-bastions avec leurs courtines, occupait le terrain qui s'étend depuis la Porte-Rouge, le jardin de M. Olivier, une partie de la Place d'Armes ou Plan de Brie et la caserne jusqu'à la première traverse où devait être la pointe du bastion, et les flancs ou ailes de l'ouvrage à cornes, depuis le glacis de l'ouvrage à couronne jusqu'à la traverse de la Croix vis-à-vis le Jardin des Pauvres ou ancienne Maladrerie, l'une le long de la rivière, l'autre dans la plaine; la courtine et demi-lune de ce dernier ouvrage devaient occuper tout le jardin d'Espagnac.

On sortait de ces fortifications par la demi-lune de l'ouvrage à cornes dont le chemin n° 22 faisait la fourche ou deux chemins, dont l'un, le n° 12, était le long de la rivière et conduisait à Malivert, l'autre traversait dans la plaine des vignobles, convertis depuis en jardins, surtout celui où est le puits à chapelet. Ces ouvrages étaient traversés par deux ruisseaux naissans d'une source commune de la montagne du moulin à papier, dont l'un, n° 10, traversait l'ouvrage à couronne, l'autre, n° 11, traversait l'ouvrage à cornes. La lunette ou demi-lune, n° 4, était distante d'environ cent toises des murs de la ville et cent trente de la Porte-Rouge, et devait occuper une partie du jardin de M. La Farelle. Les redans, qu'elle couvrait, s'étendaient depuis cette lunette jusqu'à Galinière ou au dos de la montagne St-Julien, et en faisaient presque le tour en suivant ses sinuosités jusqu'à la partie occidentale. Il y avait des casemates dans l'ouvrage à couronne.

Quant aux murs de la ville, ils étaient flanqués de plusieurs tours rondes et d'autres quarrées.

L'espace vide entre l'ouvrage à cornes et à couronne, les fortifications et les murs de la ville était une place d'armes qu'on appelle Plan-de-Bric. Il y avait, en outre, une chaussée ou retenue jetée sur la rivière, au-dessus du pont, qui s'étendait obliquement depuis le Portalet jusques près du pont. Le duc de Rohan fit construire le boulevard ou quai qu'on appelle *l'Allée*, et qui s'étend depuis le voisinage du pont jusqu'à la Tour-de-l'Horloge. Le château d'Anduze fut construit dans le même tems, et formait une partie des fortifications de la ville. Les portes de la ville, au nombre de sept, étaient garnies, comme on l'a déjà dit, de leurs créneaux, de leurs meurtrières et canonnières. Il y en avait qui étaient taillées dans le roc, surtout au-delà du pont. Cette ville, naturellement défendue par sa position et bien fortifiée, devenait une place forte. En 1621, la guerre s'étant allumée pour cause de religion, les forces du roi Louis XIII, victorieuses partout excepté en Languedoc, vinrent échouer au siège de Montauban, défendu par le marquis de La Force. Le roi y emmena six maréchaux de France. Le duc de Rohan, pour secourir cette place, y envoya Beaufort, gentilhomme des Cévennes, l'un de ses mestres de camp, à la tête d'une partie de ses troupes. Le roi fut obligé de lever le siège.

La même année, le conseil du cercle de Nimes est présidé par Dupont et Maysures, qui eurent pour assesseurs ou adjoints Olivier, et Paulet d'Anduze. Se méfiant du président Gévaudan que le roi y avait envoyé, pour les porter à la soumission, ils refusent de conférer avec lui.

En 1622, le duc de Montmorency, qui combattait pour Louis XIII, essaie de faire une tentative sur Anduze, et s'avance jusqu'à la plaine de Tornac; Charcé, lieutenant-général du duc de Rohan, et Lemaître, un de ses aides-de-camp, font avancer leurs troupes jusqu'à Poulhan et Tornac, où elles se retranchent. La bonne contenance qu'elles firent et les obstacles que le duc de Rohan, qui était alors à Nimes, apporta aux vivres de l'armée de Montmorency, l'obligèrent à se retirer et de renoncer à son entreprise. (V. *Mémoires de Rohan.*) Le duc de Rohan fait, pour un moment, la paix avec le roi, mais il reprend bientôt les armes, parce qu'on ne lui tenait jamais parole. Son armée était principalement composée de troupes des Cévennes, et Anduze lui fournissait nombre d'officiers et de braves soldats. Ce prince fait mention dans ses mémoires, et d'une manière honorable, de la Roque et de Valescure, qui avaient chacun un régiment; de Brunel (1) d'Anduze, qui commandait cinq compagnies des Cévennes; de Raudon, de Bimard, d'Alteirac, etc., qui étaient de la même ville et servaient en qualité d'officiers. Raudon était capitaine et aide-sergent de bataille. Alteirac devint gouverneur de Milhau, en Rouergue. Mais d'Aubays (2) et Luques étaient ses lieutenans-généraux ou ses maréchaux-de-camp, ainsi que Charcé. Ils commandaient à sa place. Lassaire de Brenoux, Lablaquière et Goudin avaient encore chacun un régiment. Parmi ses officiers on y trouve un d'Assas.

On voit, par une lettre que le duc de Rohan écrit au prince Henri de Bourbon, qu'on battait monnaie parmi les protestans, mais que c'était au coin du roi. Cependant il en existe une qu'on frappait en 1622, surtout à Nimes et à Anduze, au

(1) La famille de ce Brunel d'Anduze n'était pas éteinte en 1710. Il y en eut un qui signa le contrat de mariage de mon père, à cette époque.

(2) La maison d'Aubays prétend descendre de la famille des Bermond de Sauve ou d'Anduze, dont on a vu les rejetons se disperser au XIVe siècle. Il y a encore des Bermond en Provence et en Languedoc qui ont la même prétention. Feu M. le marquis d'Aubays, mort à Paris en 1770 ou 1771, avait beaucoup de titres qui ne lui laissaient nul doute à cet égard. C'est, du moins, ce qu'il m'a répété plusieurs fois.

coin du duc de Rohan et qu'on appelait *Rouanés*. Cette petite monnaie avait cours et valait un sou.

On frappa encore à Anduze diverses médailles. La pharmacie de cette ville en fit frapper une, en 1624, que je conserve. Elle est en cuivre et porte environ un pouce et demi de diamètre sur deux lignes d'épaisseur. D'un côté, est au milieu un serpent, figure emblématique d'Esculape, et on lit au tour : PHARM. URB. AND. TROCHISCI DE VIPERI. DANDROM. H. M. C'est-à-dire *Pharmacie de la ville d'Anduze. Trochisques de vipères. Thériaque d'Andromaque et Mithridate.* De l'autre côté, on voit un trèfle qui a pour support deux autres serpens, surmontés d'un coq, symbole du travail ou des veilles. L'inscription ou exergue porte : ANDVZIA. 1624. et la légende : VIRVS AB ANGUE DATVM LEVAT HERBA TRIFOLII, c'est-à-dire que *l'herbe du trèfle* adoucit ou corrige le venin du serpent. L'auteur de cette découverte cherche à persuader, par le coq, symbole du travail, de nuit surtout, que c'est le fruit de ses veilles, et vraisemblablement le tout servait de devise à la pharmacie de cette ville.

C'est dommage que la recette ne puisse être d'aucune utilité; les serpens de France n'ayant point de venin, et le trèfle ne pouvant remédier au venin de la vipère; mais il est certain qu'il ne peut pas nuire dans le cas de morsure du serpent.

En 1625, le duc de Rohan convoque l'assemblée provinciale des Cévennes à Anduze. Il y est déclaré chef des religionnaires.

En 1628, il conduit ses troupes dans cette ville, et y convoque une autre assemblée provinciale des Cévennes et du Gévaudan, et il s'y plaint de l'inconstance et de l'ingratitude des protestans à son égard, et cherche à se justifier des soupçons qu'on avait sur son compte. Alors, les affaires des protestans allaient mal; la Rochelle venait de se rendre. Le duc de Rohan venait de manquer son entreprise sur la citadelle de Montpellier. Les esprits étaient inquiets et agités. Les secours qu'on attendait d'Angleterre ne pouvaient pas être fournis.

Dans ces conjonctures, le duc de Rohan fait, au commencement de 1629, un traité avec l'Espagne pour être secouru; mais Louis XIII, après avoir fait lever aux Espagnols le siège de Casal, vient en Languedoc pour y apaiser les troubles. Après la prise de Privas, aux habitans duquel il ne fit point de grace, par le conseil du cardinal de Richelieu, qui l'accompagnait, il arrive aux portes d'Alais qui venait de se rendre, et c'est de cette ville que le cardinal négocie pour la paix avec le duc de

Rohan. Ce duc était alors à Anduze. Il propose, dit-on, secrètement au cardinal qu'il déterminera les protestans à la paix et les fera consentir à détruire les fortifications de leurs villes, si le roi veut le faire rentrer dans la possession de ses biens, confisqués au profit du prince de Condé, et payer ses dettes, qui montaient, dit-on, à plus de quatre-vingt mille écus. Le cardinal, qui avait surtout fort à cœur la démolition des fortifications des villes, et qui se rappelait l'entreprise infructueuse des troupes du roi sur Montauban, fit accepter ces conditions à Louis XIII. On avertit le duc de Rohan de disposer les esprits, et de faire accepter aux protestans les conditions proposées. Le duc expose à son parti tout le danger qu'il y avait de persister plus longtems dans la désobéissance, et l'impossibilité de soutenir la guerre. Il leur représente qu'ils ne doivent s'attendre à aucune grace de la part du cardinal, qui était inexorable; qu'on devait se rappeler le traitement des habitans de Privas, et qu'enfin ils n'étaient que des sujets du roi, qui seraient traités comme des rebelles; que passé ce moment de faire une paix avantageuse, on ne le retrouverait plus; que si les secours pécuniaires ou autres existaient, il ne leur donnerait point ce conseil, mais que la circonstance exigeait qu'on fit des sacrifices, et qu'il fallait faire celui des fortifications; que c'était le seul moyen d'obtenir la grace du roi et qu'il s'en chargeait. Ces propositions révoltèrent d'abord les protestans; ils ne pouvaient se consoler de voir démolir les fortifications de leurs villes. Ils accusent alors hautement le duc de Rohan de les trahir, de les livrer à leurs ennemis et d'être d'intelligence secrète avec le cardinal. Ce fut dans ce moment de crise, où ce duc, leur reprochant ce qu'il avait fait pour eux et découvrant sa poitrine, leur dit : *Frappez, ingrats, frappez, je veux bien mourir de votre main, après avoir exposé ma vie pour vous.* On sait que le parlement de Toulouse l'avait condamné à être tiré à quatre chevaux, avait mis sa tête à prix (à 50 mille écus), et déclaré nobles ceux qui l'apporteraient, que trois ou quatre malheureux s'y étaient même exposés. Le souvenir de ses bienfaits, des dangers qu'il avait courus, joint à la perte de ses biens, et sa fermeté, tout servit à les désarmer; ils tombent aux pieds de cet illustre guerrier, en versant des larmes, et lui donnent pouvoir de traiter pour eux avec le roi, promettant de se soumettre à tout ce qu'on exigerait d'eux. Le traité fut signé, de part et d'autre, le 27 juin 1629, et daté d'Alais. Le cardinal de Richelieu le fit intituler : *Articles de la grace que le roi a voulu faire au duc de Rohan et au sieur de Soubise, aux habitans d'Anduze, de Sauve*, etc. On donna cent mille écus au duc de Rohan, pour payer ses dettes. Il en devait plus de quatre-vingt mille, et il rentra dans la possession de ses biens. Les fortifications d'Anduze et de Sauve furent démolies.

On a dit que le frère du duc, l'amiral de Soubise, vint à Anduze où il logea dans la maison d'un La Farelle,* qui depuis cette époque a conservé le surnom d'*Amiral*, qui servait à le distinguer des autres La Farelle.

Montauban, qui avait fait d'abord quelque résistance, ne tarda pas à se rendre, et le cardinal y fit son entrée la même année. C'est ainsi qu'il parvint à pacifier les troubles de cette province.

Le duc de Rohan, se voyant inutile à son parti et désagréable à la cour, se retira à Venise, où cette république le nomma généralissime de ses troupes contre les impériaux. On connaît ses succès dans cette guerre, qu'il termina glorieusement; mais craignant, avec raison, le ressentiment du cardinal de Richelieu, après avoir rétabli les affaires de cette république, il se retira à Genève, en 1637, d'où il alla rejoindre le duc de Saxe Weimar, son ami, combattant les impériaux.

Ayant enfoncé les ennemis, à la tête du régiment de Nassau, il fut blessé et mourut de ses blessures, le 13 avril 1638, à 59 ans. Il fut enterré, le 27 mai suivant, dans l'église de St-Pierre de Genève, où on lui dressa un magnifique mausolée de marbre, orné d'une épitaphe qui rappelle les plus belles actions de sa vie. Il a passé avec raison pour un des plus grands capitaines de son tems. M. de Voltaire a dit de lui que, semblable à César, *il sut écrire et vaincre;* et dans ses poésies, il chanta ainsi ce héros :

Avec tous les talens le ciel l'avait fait naître.
Il agit en héros, en sage il écrivit;
Il fut même grand homme en combattant
Son maître
Et plus grand quand il le servit.

Le duc de Rohan avait eu le projet d'acheter du grand seigneur l'île de Chypre, pour y placer les familles protestantes de France et d'Allemagne. Ce projet échoua par la mort du patriarche Cyrille, négociateur de cette affaire auprès du grand seigneur. Il a laissé plusieurs écrits estimés (1).

(1) *Les Intérêts des Princes. Le Parfait Politique*, qui passe pour un ouvrage excellent. *Traité de la corruption de la Milice ancienne.*

Anduze a l'obligation à ce prince, d'avoir un rempart assuré qui défend cette ville des ravages du Gardon, auxquels elle était perpétuellement exposée, et qui lui forme un quai agréable. Ce quai n'a pas reçu, depuis 1622, le moindre échec ni altération de la part de la rivière.

Le traité de 1629 pacifia les troubles survenus dans cette province. Les belles fortifications d'Anduze furent démolies. Il n'en a resté que la Tour-de-l'Horloge, celle de Veirac ou de Pezène qui est plutôt une tour seigneuriale qu'une fortification, et celles du château qu'on peut considérer de même.

En 1645, François d'Airebaudouze, arrière-petit-fils de Jean, un des premiers acquéreurs de cette terre, gentilhomme de la chambre du roi, obtient de sa majesté l'érection de la terre d'Anduze en marquisat, et ces seigneurs prennent cette qualification.

Traité du gouvernement des treize cantons. Ses Mémoires, qui contiennent ce qui s'est passé en France, depuis 1610 jusqu'en 1629. *Recueil de quelques discours politiques sur les affaires d'Etat*, depuis 1612 jusqu'en 1629. *Lettres de Henry, duc de Rohan, sur la guerre de Valteline*, à laquelle il eut la plus grande part. Ce recueil, de ses mémoires et de ses lettres forme trois volumes in-12, Genève et Paris, 1757; c'est l'édition qui est recherchée.

En 1668, on trouve un Urbain d'Airebaudouze, qualifié de marquis de cette ville. Cet Urbain meurt cette année.

Charles Guy d'Airebouze lui succède.

L'édit de Nantes ayant été révoqué en 1685; cette révocation laissa une plaie profonde dans le cœur des protestans et surtout en Languedoc où leur nombre était considérable. Les mauvais traitemens se succédèrent. L'Etat perdit un grand nombre de sujets qui passèrent dans les pays étrangers où il portèrent l'industrie. Ceux qui restèrent furent exposés à de continuelles vexations, surtout en Languedoc.

En 1703, un abbé du Chaila, inspecteur des missions dans les Cévennes, ayant exercé des cruautés inouïes envers quelques protestans qu'il retenait prisonniers chez lui, donna lieu, cette année, à un soulèvement qui devint presque général dans ce pays. Le maréchal de Montrevel, qu'on y envoya, ne put le faire cesser, malgré tous les soins qu'il apporta à poursuivre ou à punir les rebelles. Les cruautés qui s'y commirent, de part et d'autre, furent portées à leur comble, et on sait tout ce que l'esprit de parti peut produire en pareille circonstance. Pour mettre fin à ces désordres, le roi fut obligé d'y envoyer le maréchal de Villars, qui se rendit à Nimes, en 1704, et s'avança dans la plaine à quelques lieues d'Anduze, d'où il proposa une amnistie. Cette ville contenait, comme on a dit, beaucoup de familles protestantes. Sa position favorisait la réunion du parti. Un des principaux chefs du parti était Cavalier, natif de Bez, village près du Vigan. Ce jeune homme, qui de garçon boulanger était devenu chef d'une troupe assez nombreuse, à l'âge de 23 ans, était à la tête de 800 hommes, qu'il enrégimentait, lorsqu'on vint lui proposer des conditions de paix et l'amnistie. Il demanda des otages qu'il obtint, et accompagné d'un autre chef il se rend auprès du maréchal de Villars avec lequel il traite comme d'égal à égal, et avec toute la fermeté qui convient à un général d'armée. Après un long débat, dans lequel il tint tête au maréchal, on convient des articles de paix, dont un était qu'il s'engageait à former quatre régimens de protestans qui serviraient le roi sous quatre colonels, dont il serait le premier, et nomma les trois autres. Ces régimens devaient avoir l'exercice libre de leur religion, comme les troupes étrangères à la solde de la France. On était sur le point d'accepter ces conditions, lorsque des émissaires de Hollande vinrent en empêcher l'effet.

Leurs promesses détachèrent du parti de Cavalier les principaux fédérés. Mais Cavalier ayant donné sa parole d'honneur au maréchal de Villars, voulut la tenir. Il accepta de lui le brevet de colonel avec une pension de douze cents livres qu'on lui offrait, et commença à former son régiment avec 130 hommes qui lui étaient dévoués. C'est ainsi que Louis XIV, dit Voltaire, fait la paix, sous le nom d'amnistie, avec un garçon boulanger.

Le nouveau colonel alla à Versailles, où il reçut les ordres du ministre de la guerre et fut vu du roi dans la galerie. Mais se croyant observé par le ministère et craignant pour sa personne, il se retira en Piémont, d'où il passa ensuite en Hollande. C'est là où il épousa Mlle Desnoyers, fille d'un Français réfugié, demoiselle dont M. de Voltaire était devenu éperdument et inutilement amoureux, lors de son séjour à Amsterdam. Voltaire était alors page d'un ambassadeur et rival de Cavalier.

Le jeune Cavalier, qui avait traité de la paix avec son roi, ci-devant colonel et rival heureux de Voltaire, passa ensuite, ainsi couvert de gloire, en Angleterre, où on lui donna de l'emploi et où il commanda un régiment de Français réfugiés. Il se trouva à la bataille d'Almanza en Espagne, alors le théâtre de la guerre. Sa troupe fut opposée à un autre régiment français; ils fondirent avec fureur les uns sur les autres, à la baïonnette, et se battirent avec acharnement; il ne resta pas trois cents hommes de ces deux régimens.

Cavalier obtint, pour prix de ses services, en Angleterre, le grade d'officier général, et y est mort gouverneur des îles de Jersey et de Guernesey, avec une grande réputation de valeur.

Il était petit de taille, blond, d'une physionomie douce et agréable. Voilà pourquoi son parti l'appelait *David*. M. de Voltaire, qui ne l'aimait pas, a dit sans fondement, que le roi avait haussé les épaules en le voyant, et que lorsque le maréchal de Villars lui demanda comment il était parvenu, si jeune, à se faire obéir d'une troupe composée d'hommes presque indisciplinables, il répondit que lorsqu'on lui désobéissait, la prophétesse, qu'on appelait *la Grande Marie*, était sur-le-champ inspirée et condamnait à mort les réfractaires qu'on tuait sans hésiter; et qu'ayant fait depuis la même question à Cavalier, il lui avait répondu de même.

Quoiqu'il en soit, on ne peut refuser à Cavalier un caractère ferme, de la bravoure et de l'honneur. Un garçon boulanger ne s'élève pas au point où il parvint, ne soutient pas un rôle d'officier supérieur, avec autant de distinction qu'il l'a fait jusqu'au bout, sans des talens militaires distingués et sans de grandes qualités. On sait d'ailleurs que le nom de *Cavalier*, en Languedoc, qui est celui des anciens guerriers qui combattaient à cheval, n'annonce pas une origine ignoble, et celui-ci mérite un rang distingué parmi les hommes extraordinaires du siècle.

Indépendamment de l'arrière-fief de la terre d'Anduze, dont on a parlé, qui est le domaine du château de Bourbon, il y en a un autre qui est celui de Veirac, dont le château avait été habité anciennement par le sénateur Apollinaire. Celui de Poulhan devint un arrière-fief du comté d'Alais. Quant à celui de Veirac, on ne sait par qui il fut occupé après Appollinaire. Il passa enfin dans la maison de Pezène, qui a donné son nom à la tour qui est à la maison seigneuriale de Veirac, au milieu de la ville d'Anduze, et qui l'occupait encore en 1713. Mais à cette époque, la maison d'Hostalier acquit, du baron de Pezène, les château et domaine de ce nom, avec justice civile, et la maison et tour de Veirac ou de Pezène. L'acte est du 12 décembre 1715.

En 1729, la maison de Loubier fait l'acquisition, de Coutin, du château de Bourbon et de son domaine, et en jouit noblement depuis ce tems.

En 1734, Charles d'Airebaudouze, fils d'Urbain, de même nom, meurt.

Il laisse une fille unique, Françoise-Denise d'Airebaudouze, qui devient son héritière et qui avait épousé, en 1730, M. de Sacy, noble de Provence.

M. de Sacy, marquis d'Anduze, meurt à Paris, en 1745.

De son mariage avec demoiselle d'Airebaudouze, naissent un fils et une fille. Le fils, qui embrassa l'état ecclésiastique, et qu'on appelait l'abbé d'Anduze, meurt dans un état presque de démence. La fille, demoiselle Pouponne de Sacy, épouse, en 1758, M. le marquis d'Avignon, gentilhomme d'Arles.

En 1760, M. le marquis d'Avignon, en vertu de la cession faite par la veuve de Sacy, marquise d'Anduze, vend sa terre et son château d'Anduze à quatre particuliers de cette ville, MM. Roquier, Julian, Vidal et Campesval, pour la somme de quarante mille écus, et se réserve la justice, les titres et tous les droits seigneuriaux.

En 1769, ces messieurs vendent le château d'Anduze à M. Rafin du Crouzet, digne d'un meilleur sort, vingt mille livres.

Tel a été le sort de cette terre d'Anduze, dont les premiers seigneurs furent des anciens ducs de Septimanie, et dont la postérité l'occupa, sans interruption, plus de quatre cents ans, et qui, de cette brillante postérité, a passé successivement dans les domaines de la couronne, qui en a joui pendant près de cent ans dans la maison du Dauphin de Viennois, dans celle de Beaufort et enfin dans celle d'Airebaudouze, où elle est encore, depuis plus de deux cent cinquante ans, sous le titre de marquisat, et toujours mouvante du roi.

MŒURS DES HABITANS D'ANDUZE

et

PRODUCTIONS DU PAYS.

Depuis longtems Anduze et ses environs soutiennent leur ancienne réputation de *Volces Arécomiques*, c'est-à-dire de guerriers. Il paraît même que la bravoure est le caractère dominant de ce peuple, qui joint à cette belle qualité celle d'être extrêmement attaché à ses souverains. Anduze est, depuis longtems, une pépinière de braves soldats.

Ce caractère de bravoure, dominant et fortement imprimé dans tous les cœurs, en général, et qui ne souffre rien de bas, est peut-être la source de cette roideur presque inflexible de caractère qu'on a quelquefois reprochée aux habitans de cette ville, et qui, dans une infinité de circonstances, leur a fait braver les dangers les plus grands; mais, ce reproche est peut-être injuste. Qu'on se conduise noblement avec eux, qu'on ne les trahisse point, que la voix de l'honneur se fasse entendre, tout leur sang est prêt à couler. Tel est le caractère dominant de ce peuple, et en particulier de l'Anduzien, en général, né pour la guerre et impatient de combattre. On conçoit qu'avec ces belles qualités, il est possible de n'être pas toujours approuvé, lorsqu'on cherche à repousser l'outrage, l'offense ou l'artifice. Guidé par un principe d'honneur ou de probité, l'homme devient indocile, indomptable même, lorsqu'il est certain qu'on le trompe ou qu'on le joue. Voilà l'origine de cette roideur de caractère qu'on a reprochée aux habitans de ce canton. Il est encore facile de concevoir ce que peuvent de pareils hommes, lorsqu'à cette fierté d'ame naturelle, se joint une opinion particulière à soutenir surtout sur la religion, et qu'on croit fondée. Mais on doit rendre cette justice aux habitans de ces cantons, c'est que toutes les guerres de religion, dont ces lieux ont été le théâtre en différens tems, ont eu constamment leur source dans quelqu'injustice, dans quelque perfidie, dans quelque trahison; ce qui est toujours capable, en effet, de révolter tous ceux qui se conduisent d'après des principes d'honneur ou de probité. Cette réputation d'hommes indociles suggérée primitivement par les partisans de la Ligue, surtout du tems de Henri IV, s'était soutenue jusques vers le milieu de ce siècle, et donna lieu, sous Louis XV, à une commission particulière et délicate dont un homme de beaucoup d'esprit, éclairé et équitable, M. de Paulmy d'Argenson fut chargé. L'objet de sa mission était d'étudier le caractère, les mœurs des habitans, de les observer de près et de lui en rendre un compte fidèle. J'ai vu, en 1750, cet aimable seigneur descendre à la plaine de Tornac, en admiration du beau jardin de ce nom qui existait alors. Il eut plusieurs conférences particulières avec différens habitans du pays et de toutes les classes : il jugea par lui-même et sans prévention. A son retour à Versailles, il dit au roi, qui lui demandait le résultat de ses observations : « j'ai vu un peuple » brave et industrieux, uniquement occupé de

» ses travaux et à prier Dieu pour la conservation de votre Majesté et pour la prospérité de l'Etat. Je ne peux pas vous dissimuler que j'en ai été édifié, et qu'il est possible qu'il n'y ait pas de nation en France qui vaille celle-là, ni pour la fidélité, ni pour l'activité, ni pour la bravoure. » C'est depuis cette époque que ce pays a joui de quelque tranquillité qu'il avait droit d'attendre de la justice de ses souverains, et que le préjugé défavorable contre ses habitans s'est affaibli peu à peu.

La ville d'Anduze contient environ six mille habitans. Cette ville a l'avantage d'être située au Levant, et d'avoir un air très-pur, continuellement rafraîchi et renouvelé soit par son passage dans une gorge de montagnes, ce qui lui donne plus d'activité, soit par le voisinage de la rivière dont l'eau est toujours courante et le lit très-large. Cette ville a, de plus, l'avantage d'avoir des eaux très-pures fournies par une source qui ne tarit jamais, et qui entretient sept fontaines publiques. Cette eau est légère, toujours claire et dissout très-bien le savon. Elle est très-fraîche en été et presque tiède en hiver. Celle de la rivière serait également bonne à boire, mais elle ne sert que pour le lavage. Elle coule sur un lit de sable ou cailloutage, qui contribue à la purifier, et elle n'est trouble que dans le tems de la fonte des neiges ou des pluies extraordinaires. Son lit est formé d'un gravier qui est un mélange de silex, de pierres calcaires, d'un sable fort dur et de mica. Ce mica, brillant et semblable à des paillettes d'or, a donné l'idée à quelques personnes que c'était du véritable or; mais l'examen chimique de ce minéral, fait à l'hôtel de la monnaie, à Paris, a convaincu que ce n'était qu'un mica brillant.

Le règne minéral fournit encore abondamment une pierre calcaire, qui est celle des montagnes d'Anduze, laquelle est propre à la construction des édifices et à faire de la chaux. C'est une sorte de marbre gris et veiné, susceptible du plus beau poli et qu'on appelle *pierre froide* dans le pays. L'argile y est encore très-abondante. Son mélange avec les débris de cette pierre calcaire ou cailloutage et quelques parties de mine de fer ou de manganèse (1), y rend les terres fortes et rougeâtres,

(1) On sait que la chimie moderne tire aujourd'hui un très-grand parti du manganèse, surtout pour en extraire l'air vital et faire ce qu'elle nomme *l'acide muriatique oxygéné*, devenu d'un fréquent usage dans les arts, soit pour blanchir certains corps, soit pour purifier l'air, etc. Cette substance, qu'on appelle encore *savon des verriers*, est, comme on sait, un minéral de couleur grise ou noire, qui salit

propres à la végétation de la vigne, du châtaignier, du mûrier, de l'olivier. Lorsque le sable s'y trouve mêlé, et dans les terrains bas, les arbres y sont du plus beau produit, surtout aux bords du Gardon, dont le limon dans ses débordemens les engraisse.

Une chose particulière à ce pays et qu'Anduze partage avec ses environs, c'est la qualité et l'efficacité des eaux d'Euzet, eau minérale bitumineuse, peut-être unique de son genre, et à laquelle la poix minérale, sans doute, qui abonde aux environs d'Alais, communique ses qualités. Ces eaux possèdent toutes les qualités de l'eau de goudron, dont elles ont le goût. Elles sont, en outre, dépuratives et conviennent éminemment dans les maladies cutanées surtout répercutées, et qui ont donné lieu aux douleurs des articulations, aux coliques, et même dans les ulcères internes, sur-

les doigts et qu'on regarde comme une mine de fer. M. Chaptal en a trouvé une aux environs d'Anduze, c'est-à-dire à St-Jean-de-Gardonenque, dans le granit, par couches et par morceaux, qui est très-riche en air vital ou gaz oxygéné, et au point qu'une once en produit cinq pintes et demie. Cette substance est encore une ressource précieuse pour les blanchisseries et pour les verreries où on l'emploie pour enlever au verre la teinte jaune ou verte que prennent ordinairement la soude et le sable fondus ensemble. C'est de cette propriété qu'elle tire son nom de *savon des verriers*.

tout du poumon. Il y a apparence, qu'indépendamment des sels dont elle est chargée, suivant M. Chaptal, elle tient en division ou en dissolution la poix minérale qui lui communique un goût de bitume.

Le règne végétal est, sans contredit, beaucoup plus riche que le minéral, car indépendamment de la sauge, du thym, du romarin et de plusieurs autres plantes aromatiques qui y croissent naturellement et en abondance, on y trouve l'arbousier (*arbutus unedo*, Lin.), arbuste très-agréable et toujours vert; le bois de garou (*daphne gnidium*, Lin.) qu'on y appelle *canto perdris*, à cause de ses baies dont les perdrix sont très-friandes et qui les font chanter, dit-on. On sait que la deuxième écorce de ce sous-abrisseau est propre à servir d'exutoire, qu'on substitue souvent au vésicatoire, ainsi qu'au cautère, dans quelques sujets très-irritables. On y trouve encore trois ou quatre espèces de figuiers à figues excellentes; le micocoulier, qu'on appelle *fanabrégou*, corruption à ce qu'il paraît de *faba græca* des latins, qui est le nom de cet arbre, abondant à Sauve (*celtis australis* de Linnée); l'azérolier (*cratægus azarolus*, Lin.); le néflier, ou l'arbre à nèfles, qu'on y nomme *mespoulo* (de *mespilus*); le cormier ou sorbier; le cornouiller;

le châtaignier ou le marronnier à fruits délicieux; l'olivier, la vigne, à quinze ou vingt sortes de raisins, mûrissant tous parfaitement, surtout le muscat, très-propre à faire un vin semblable à celui de Lunel, ville voisine d'Anduze.

Une autre plante presque particulière à ce pays et qui est d'usage pour la teinture, c'est celle qu'on appelle *granéto d'Avignoun*, ou graine d'Avignon, dont le fruit ou baie sert à teindre en jaune. On la vend à la foire de Beaucaire. La plante qui la produit est un arbrisseau que les botanistes connaissent sous le nom de *rhamnus infectorius*, Lin., Murray. Le genêt épineux ou *arjhalas* (*spartium scorpius*, Lin.) y est encore fort commun dans les landes ou lieux incultes. Le cerisier de trébizonde ou laurier-cerise (*prunus laurocerasus*, Lin.) y réussit très-bien et donne de belles grappes de fleurs blanches.

On se rappelle encore le beau berceau du jardin de Tornac, formé par cet arbre et qui était impénétrable aux rayons du soleil. Le peuplier noir qu'on y appelle *pivou* (de *populus*), le peuplier blanc, qu'on y nomme *âoubo* (d'*alba*), y viennent encore très-bien, surtout sur les bords de l'eau. Le cyprès mâle y monte en fuseau et s'élève dans les nues, surtout lorsqu'il est isolé et dans un terrain gras. Le roseau ou canne de Provence, (*arundo dona*, Lin.) y croît naturellement aux bords des ruisseaux, ainsi que le caprier (*capparis spinosa*, Lin.) qu'on trouve aux endroits secs; le *phlomis lychnitis*, Lin.; le capillaire de Montpellier (*adiantum capillus veneris*, Lin.).

On y trouve aussi les champignons de la meilleure qualité, tels que l'oronge ou *boletus* des Romains, dont le nom y est même conservé sous celui de *boulets;* des cèpes (*nissoulous*, du *suillus* des latins); des clavaires qu'on y nomme *galinettes* ou *galinolles*, de *galinella* ou petite poule, à cause de leurs sommités en forme de petites crêtes rouges; une sorte d'oronge blanche qu'on y nomme *coucoumelle*, de *cucullus* sans doute ou capuchon, à cause de la forme du *volva* qui la couvre; un agaric rouge et tendre qu'on trouve au pied des arbres et qu'on nomme *lengo bouino* ou langue de bœuf (*lingua bovina* des latins) à cause de sa forme.

Les bois y sont formés d'arbousiers (*arbutus unedo*, Lin.), de chênes-verts, de filaria (*alader*, *phyllirea angustifolia*, Lin.), de quelques chênes rouvres (*quercus robur*, Lamarck), d'un autre chêne qu'on appelle *cerré* (*quercus cerrius*, Lin., ou *Q. crineta*, Lamarck).

Quant aux arbres d'agrément ou pour les jardins, il n'y en a point qui réussissent mieux que le buis en arbre, le cyprès mâle, le cerisier de Trébizonde ou laurier-cerise (*prunus laurocerasus*, Lin.,) sans parler du myrthe et du laurier à sauce.

Ce n'est pas sans le plus grand regret qu'on se rappelle la destruction d'un superbe jardin qui a été l'objet de l'admiration et de l'étonnement des étrangers et les délices du pays; je veux parler du jardin de Tornac, à une petite lieue d'Anduze, formé d'arbres toujours verts.

Pour en avoir une idée, qu'on se figure un château à mi-côte d'une montagne, exposé au levant et au midi, dominé par un bois de chênes verts et par une superbe pièce d'eau, assis sur une terrasse bordée d'un rang d'orangers en pleine terre, et ayant vue sur une plaine de huit ou dix lieues d'étendue, toute couverte d'arbres cultivés, à travers laquelle serpente la rivière du Gardon. Ce château avait à sa gauche cette même rivière bordée de peupliers blancs, dont les sommets semblaient se perdre dans les nues, et qui représentaient comme les Champs-Élysées, sous le plus beau ciel du monde; à sa droite une autre allée correspondante de cyprès en aiguilles, dont les faîtes se perdaient également dans les nues; dans le milieu du jardin des pièces d'eau semblables aux bassins des Tuileries, placées de distance en distance, et des allées toutes bordées de buis taillés en haies à hauteur d'appui, de deux pieds d'épaisseur, entrecoupées et ornées de distance en distance, surtout autour des bassins, de groupes, de statues de ces mêmes buis ou en marbre, représentant divers sujets de l'histoire ou de la fable, tels que l'enlèvement d'Europe par Jupiter sous la forme d'un taureau, Enée portant sur ses épaules son père Anchise qui donne la main au petit Ascagne, Pasiphaé amoureuse d'un taureau, l'enlèvement de Dorothée, des groupes de Grâces, de Muses de grandeur naturelle autour d'Apollon, etc., ce qui formait une galerie de tableaux où l'art et la nature ornée de sa belle couleur, qui est le vert tendre ou de pomme, semblaient se disputer le prix et offraient en même tems aux yeux et à l'imagination le spectacle le plus ravissant qu'on puisse concevoir. Pour arriver à ce jardin, de la terrasse du château, on descendait par une pente douce, sur un terrain orné, des deux côtés, d'un parterre en gradins où le myrthe très-multiplié le disputait à la rose, aux primevères, aux oreilles d'ours, aux plus beaux œillets, aux jacinthes, aux narcisses, etc., et se trouvait arrosé, lorsque les eaux jouaient, par plus de trente petits jets d'eau de file de chaque côté, dont chacun formait comme un petit nuage blanc ou brouillard au-dessus de ces arbustes et de ces fleurs qui, frappées en même tems par les rayons du soleil, en recevaient le plus bel éclat, la fraîcheur et la vie. Ce double parterre était terminé par des bosquets de lilas, de seringats, de boules de neige, etc. On le quittait, en descendant, pour entrer dans une grande allée en berceau, impénétrable aux rayons du soleil, de quinze à vingt pieds de hauteur, formée par le laurier-amande ou cerisier de trébizonde, dont les sommets entrelacés formaient une voûte qui se couvrait des plus belles grappes de fleurs blanches, semblables à celles de l'*acacia*, mais plus belles et du plus superbe effet. Cette allée occupait toute la largeur du jardin, et c'était là que se donnaient les fêtes et les danses exécutées au son des tambours de basque, des fifres et des violons, surtout au printems et en été, saison où l'on s'y rendait en foule, de toutes parts, à plus de trente lieues à la ronde.

Ce jardin, qui avait par ses côtés près d'un quart de lieue de longueur et qui pouvait contenir plus de cent mille personnes, à leur aise, était bien autrement beau que celui des Tuileries, et de tout autre genre.

On se rappelle que lorsque l'ordre fut donné par M. de Montbrison, successeur de M. de La Fare dans la propriété de cette terre, de détruire ce jardin, ce fut une désolation générale dans le pays. On craignait même un soulèvement. Mais l'ordre fut exécuté, et on se contenta de le pleurer. Il ne se faisait aucune fête, aucun mariage, qui ne fussent célébrés au jardin de Tornac, dont l'entretien était très-coûteux, à la vérité, pour un particulier. On faisait venir d'Italie des jardiniers pour les soigner. Il a été converti en prairie. Pour lui donner plus d'agrément, il y avait au bout un jeu de mail formé par une avenue de lauriers-cerise.

Le règne animal offre de son côté des ressources précieuses pour la vie. La rivière du Gardon fournit d'excellentes truites; les bois, des perdrix rouges, des lièvres, des lapins, des oiseaux délicieux à manger, tels que le bec-figue, le merle, l'ortolan, la grive des vignes, etc. Mais l'animal le plus remarquable et qu'on pourrait regarder même comme particulier à ce pays, c'est le castor, qu'on y appelle encore *fibre*, de son ancien nom latin *fiber*, et qu'on rencontre quelquefois dans le Gardon.

En 1763, deux castors commençaient déjà à y construire leur cabane à une demi-lieue d'Anduze, au-dessus de Poulhan, mais l'ignorance jointe à la cruauté de l'homme, disposé à tout tuer, fut cause de la mort de cet intéressant animal. Le mâle fut tué en traversant la rivière, la femelle prit la fuite. Ce quadrupède qui, par son industrie, se rapproche fort de l'homme, avait déjà commencé à bâtir sa cabane dans un fossé entre Gaujac et Poulhan, sur le bord de la rivière. Le bois de construction était déjà façonné et les solives du plancher du premier étage, toutes coupées à la même longueur. La porte d'entrée du côté de l'eau était cintrée; l'escalier ou l'échelle qui devait conduire du bas au premier étage était déjà commencé. Cette partie des constructions était formée de deux montans en plan incliné, avec des coches à la même distance pour recevoir les marches ou les bâtons. J'achetai cet animal qui a un goût délicieux de lièvre. La poche, qui contient l'humeur huileuse ou le *castoreum*, et la peau me dédommagèrent des frais de l'acquisition. Les pattes de derrière, qui sont palmées et la queue écailleuse, qui ressemble à un poisson, furent envoyées à un professeur illustre de l'école de médecine de Montpellier, à M. Gouan, mon maître et mon ami. Quel parti un particulier intelligent n'aurait-il pas pu tirer de ces animaux, s'ils n'eussent pas été inquiétés, en favorisant leur multiplication et formant comme une petite colonie de castors!

On voit d'après cela que les habitans de cette ville ne sont point à plaindre, du côté des ressources de la vie et des productions naturelles; mais l'usage habituel d'un vin trop spiritueux, des choses piquantes ou très-sucrées, joint aux chaleurs quelquefois excessives du climat et qui mettent le corps en sueur, rendent le sang des habitans, en général, sec et bilieux, et par cela même les expose aux maladies de nature bilieuse. Aussi toutes celles qu'on y observe, sont-elles de ce genre, exigeant, en général, peu de saignées et beaucoup d'acides végétaux pour les dompter. Le pourpre, le millet, le scorbut y sont en général inconnus. La petite vérole n'y paraît que tous les six ans, et les exemples de la plus longue vieillesse n'y sont point rares.

En voilà assez sur Anduze. Etant né dans cette ville et l'ayant trouvée susceptible d'un assez grand intérêt, sous plusieurs rapports, par son antiquité, par sa position, par la beauté de son climat, par ses guerres, ses fortifications, ses seigneurs, pour en faire l'histoire, j'ai voulu rendre cette espèce d'hommage à ma patrie.

FIN.

Alais. — Imprimerie de P. Veirun.

www.ingramcontent.com/pod-product-compliance
Ingram Content Group UK Ltd.
Pitfield, Milton Keynes, MK11 3LW, UK
UKHW020240220726
13923UKWH00002B/754